Vom Südfriedhof erzählen

Geschichte und Geschichten
Spaziergang und Lebenszeichen

Den Text schrieb Wolfgang Knape
Es fotografierte Thomas Steinert

W0222373

Verlag Kunst und Touristik
Leipzig GmbH

Copyright:
Rat der Stadt Leipzig

ISBN 3-928802-15-1

© Verlag Kunst und Touristik Leipzig GmbH 1993
Gestaltung: Marlis Freitag
Gesamtherstellung: Schröer-Druck, Leipzig

Gänge über den Friedhof

Die Gänge über den Friedhof
geschehen nicht nur in Stunden des Schmerzes.
Man sollte einen Friedhof auch
als Stätte der Erinnerung, der Besinnung,
als Ort der Zwiesprache
und nicht zuletzt als Stelle der Erholung
sowie zur Repräsentanz der Verstorbenen
und ihrer Familien sehen.

Unter diesen Aspekten betrachtet,
muß die Bedeutung des
Südfriedhofes Leipzig – einem der
größten Parkfriedhöfe unseres Landes – eindeutig
hervorgehoben werden.
Am 1. Juni 1886 auf dem geschichtsträchtigen Gelände
der Völkerschlacht zu Leipzig eröffnet,
war und ist er
ein Vorbild neuzeitlicher Friedhofsgestaltung.

Der Feierhallenkomplex im neoromanischen Stil,
errichtet in Anlehnung an die
Gebäude des Klosters Maria Laach in der Eifel,
stellt eine architektonische Kostbarkeit
und zugleich
das größte Friedhofsbauwerk Deutschlands dar,
vergleichbar mit einem „Campo santo,
der den schönsten Europas
an die Seite gestellt werden kann“.

Repräsentatives Großgrün
und dendrologische Seltenheiten unterstreichen
den Charakter des Parkfriedhofes.
Allein der Arten-
und Sortenreichtum an Rhododendren,
rund 10 000 Gehölze,
stellt den Südfriedhof Leipzig in eine Reihe
mit dem Bremer Rhododendron-Park oder
dem Park in Pruhonice bei Prag.

Größe und Geschichte der Stadt Leipzig
spiegeln sich auch
in den letzten Ruhestätten ihrer Bürger
– geschaffen von namhaften Künstlern – wider,
wie das vorliegende
Büchlein anschaulich dokumentiert.
Die Gräber berühmter Persönlichkeiten beweisen
die Bedeutung Leipzigs als Messe-,
Buch-, Musik- und Universitätsstadt sowie
als Industrie- und Handelszentrum.

Möge auch in Zukunft
der Gang über den Südfriedhof
kulturhistorische Kenntnisse vertiefen
oder landschaftsgestalterische Ideen vermitteln,
aber auch die Arbeitsleistungen
all derer würdigen,
die für die Pflege und Verwaltung
dieser denkmalsgeschützten Anlage
täglich Sorge tragen.

Roland Schwarz
Leiter
Friedhofsamt Leipzig

Über Friedhöfe gehen

Friedhöfe sind Spiegelbilder einer Stadt, und ihre Gräber sind Zeichen gelebten Lebens. Nirgendwo sonst treten uns auf engstem Raum Vergangenheit und Gegenwart so intensiv entgegen: nirgendwo sonst wird Geschichte, werden Kunst und Zeitgeist so facettenreich und lebendig vor uns aufgeblättert wie hier.

Friedhöfe sind für die Verstorbenen angelegt und sie wenden sich an die Lebenden. Manch einer kommt hierher, um ein Grab zu besuchen. Ein anderer schätzt den Friedhof als wichtiges Refugium im Getriebe des Alltags und der Großstadt, als Ort der Einkehr, der Meditation, als Ruheraum und ökologische Nische. Wo Begräbnisstätten an die Parkschöpfungen der Landschaftsgärtnerei erinnern, ist der Friedhof ohnehin ein beliebtes Ziel von Spaziergängern, die hier Gleichgesinnten begegnen, was die Bedeutung der Anlagen auch als Orte der Begegnung und des Austausches unterstreicht. Wieder andere fühlen sich vom Friedhof als Denkmal angezogen, als wichtigem Zeugnis eines sich stetig wandelnden Zeitgeistes und sie wählen ihre Wege nach noch anderen Kriterien . . .

So halten Friedhöfe für jeden etwas bereit; und für den, der mit wachen Sinnen über ihre Wege geht und durch die Alleen streift, der mit Muße Grabinschriften studiert, Zeichen zu entschlüsseln versucht und sich in die Werke von Bildhauern und Architekten, von Steinmetzen und Landschaftsgärtnern versenkt, werden sich immer neue Möglichkeiten des Entdeckens und der Bereicherung auftun, und immer wird er den Friedhof mit einem Zuwachs an Erkenntnis verlassen, an Zuversicht und mit neuen Fragen . . .

Der sich hinter dem Denkmal für die Gefallenen der Völkerschlacht erstreckende und ein Vierteljahrhundert vor diesem angelegte Leipziger Südfriedhof ist – über seine eigentliche Bestimmung hinaus – in besonderer Weise ein solcher von der Bevölkerung angenommener Ort der Begegnung und ein ideales Terrain für mancherlei Entdeckungen.

Leipzig besitzt sechs kommunale Friedhöfe mit rund 120 ha und achtzehn kirchliche mit insgesamt 35 ha, die allesamt noch vor

der Jahrhundertwende angelegt worden sind. Unter den Begräbnisstätten im Osten Deutschlands ist der Südfriedhof mit seinen 82 ha der größte. Seines Alters, seiner vielen künstlerisch wertvollen Grabdenkmale und seiner berühmten Toten wegen muß er zu den interessantesten Parkfriedhöfen Mitteleuropas gerechnet werden. Ein „Père Lachaise des Ostens", wenn man so will, ein „sächsischer Montmartre"!
Von seinem Entstehen zu berichten, von Gräbern und Menschen zu erzählen, neugierig zu machen und die Lust am eigenen Entdecken zu wecken, das ist das Anliegen dieses Büchleins, zu dem der Fotograf Thomas Steinert Aufnahmen schuf, die etwas von der Schönheit und etwas von dem Reichtum wiedergeben, mit denen uns dieser Friedhof beschenkt . . .

Der Friedhof am Napoleonstein

In der zweiten Hälfte des vergangenen Jahrhunderts mauserte sich die Kultur- und Uralt-Handelsstadt Leipzig zu einem der wichtigsten industriellen Zentren Deutschlands. In atemberaubendem Tempo verschaffte sich das Industriezeitalter Einlaß. Das Gründungsfieber ging um. Innerhalb weniger Jahrzehnte vollzog sich die Wandlung von der Handelsmetropole zur Industriestadt. 1871 war Leipzig mit mehr als 100000 Einwohnern zu den deutschen Großstädten aufgerückt. Es gab 4551 Betriebe in der Stadt, darunter fast sechzig Großbetriebe. Nur zwanzig Jahre später hatte sich die Zahl der Betriebe vervier- und die Bevölkerungszahl verdreifacht. Umliegende Dörfer waren eingemeindet worden, siebzehn allein bis 1892, und um 1900 zählte die Stadt weit über 450000 Einwohner.
Ein so rasanter Bevölkerungszuwachs mußte natürlich eine Vielzahl von Problemen aufwerfen. Wohin mit den Zugereisten, den Zehntausenden Arbeitern der expandierenden Großstadt? fragten sich nicht nur die Verantwortlichen im Alten Rathaus am Markt. Und wohin mit den Toten? Wohin nicht zuletzt mit den berühmten Toten, den Aufsteigern, den zu Reichtum gekommenen Mittelständlern, die der Nationalökonom Fried-

rich List noch wenige Jahrzehnte zuvor als couragierte „junge Männer von Bildung, Kapital und Ansehen“ beschrieben hatte und die nun auch in die Jahre gekommen waren und nach einer gut positionierten, geeigneten Grabstelle Ausschau hielten ... Die bisherigen Begräbnisplätze der Stadt erfüllten schon längst nicht mehr diesen Zweck. Der Alte Johannisfriedhof – jahrhundertelang alleiniger Begräbnisplatz der Stadt – hatte ausgedient. Am Heiligen Abend 1883 fand dort die letzte Beerdigung statt. Ein Neuer Johannisfriedhof (heute Friedenspark) war zwar 1846 eröffnet worden, doch da er durch seine Lage nur noch bedingt erweitert werden konnte, wäre auch er dem „Andrang der Toten“ auf Dauer nicht gewachsen gewesen. Zudem waren die schönsten Plätze ohnehin den berühmten alteingesessenen Familien vorbehalten, und die das aufstrebende Leipzig repräsentierten, wollten sich nicht mit einer zweitklassigen Grablage abfinden. Der Ruf nach einem neuen Friedhof war unüberhörbar. Und so ging man daran, nach geeigneten Flächen außerhalb der Stadtgrenze Ausschau zu halten. Ideale Bodenverhältnisse und ein erweiterungsfähiges Areal fand man schließlich auf der zu Probstheida gehörenden Flur. Das war im Jahre 1879. Die Architekten Hugo Licht und Otto Wittenberg entwarfen daraufhin den ersten Plan für einen neuen städtischen Zentralfriedhof, und daß sich zwei so renommierte Männer – Stadtbaurat und Professor für Baukunst der eine, Städtischer Gartendirektor der andere – der Sache annahmen, spricht für die Bedeutung, die man der künftigen Anlage am Napoleonstein zumaß.

Acht Äcker und 164 Quadratruten Probstheidaer Pfarrfeld wurden daraufhin der St. Nicolai-Parochie der Stadt übereignet und zusätzlich noch 46 Äcker und 130 Quadratruten Privatbesitz erworben. Damit waren die Voraussetzungen geschaffen, um gut drei Kilometer vom Stadtzentrum entfernt eine Friedhofsanlage entstehen zu lassen, die sich an den Neuschöpfungen – etwa am Ohlsdorfer Friedhof zu Hamburg – orientierte, auf Zuwachs eingestellt war und von vornherein ihrem Charakter nach Begräbnisplatz für die Toten und Stätte der Erholung für die Lebenden gleichermaßen sein sollte.

Nur wenige Wochen nach der Schließung des Alten Johannisfriedhofes begannen auf der Probstheidaer Flur die Vorarbeiten. Zwei Jahre später konnte die „Leipziger Zeitung“ unter der

Rubrik „Kirche und Schule“ bereits die „Weihe des südlichen Friedhofes am Napoleonstein“ ankündigen.
Am Morgen des ersten Junitages 1886 hatten sich von seiten der königlichen Behörden der Geheime Regierungsrat und Amtshauptmann Dr. Platzmann nach dem neuen Begräbnisplatz hinausbegeben. Die Stadt war durch „die Herren Oberbürgermeister Dr. Georgi, Bürgermeister Justizrath Dr. Tröndlin und eine Anzahl Stadträthe (sowie) Vertreter des Stadtverordneten-Collegiums“ repräsentiert, die Kirche durch mehrere Geistliche und Vorstände. Der Korrespondent des genannten Blattes berichtete:
„Ein vom Thomanerchor vorgetragener Choral leitete die in der provisorischen Kapelle abgehaltene Feier ein, worauf Hr. Bürgermeister Dr. Tröndlin zunächst einen Rückblick über die Idee bis zur Verwirklichung der neuen Anlage gab, dabei der mancherlei Schwierigkeiten in bezug auf die Wahl eines, allen Anforderungen und Rücksichten entsprechenden Platzes gedachte und besonders betonte, daß man mit der neuen Anlage von dem bisherigen Brauch abgegangen sei und derselben und dem bauarmen Osten einen mehr landschaftlichen Schmuck, einen parkähnlichen Charakter durch Anpflanzungen etc. geben, dadurch aber gleichzeitig der Stadt einen lebendigen Schutz gegen die häufigeren Ostwinde schaffen wolle; zwar werde dadurch nicht eine solche Ausnutzung des Areals wie bei anderen Friedhofs-Anlagen möglich, allein man habe den angegebenen Umständen Rechnung getragen und den Versuch gemacht, eine Anlage zu schaffen, wie sie einige andere Städte bereits besitzen . . .“
Tröndlin dankte allen, die sich um das Entstehen der Anlage verdient gemacht hatten. Den Behörden des Landes vor allem, die dem Eigentumswechsel zustimmten und der Stadt die Polizeigewalt über den neuen Friedhof übertrugen. Unter den Einzelpersonen, die das Projekt unterstützt hatten, erwähnte Tröndlin besonders die Mediziner Professor Hoffmann und Dr. Siegel, den Baudirektor Licht, den Ratsgärtner Wittenberg, den Oberingenieur Höltzsch, und er erinnerte daran, daß diese Stätte, über der nun Frieden liegt, im Herbst 1813 schon einmal dem Tode geweiht war. Dem schloß sich „eine ergreifende Rede des stellvertretenden Ephorus, Hr. P. Hölscher, an, welcher am Schlusse derselben dem neuen Friedhofe die feierliche Weihe

gab. Gebet und Segen und der Gesang der Motette ‚Birg mich unter deine Flügel' durch die Thomaner schlossen die erhebende und ernste Feier".
Am nächsten Tag wurde auf dem neuen Friedhof am Napoleonstein der erste Tote beigesetzt. Sein Name war Carl August Schmidt, ein 52jähriger Schriftgießer aus Leipzig, der es dem Umstand, als erster auf dem Südfriedhof begraben worden zu sein, verdankt, daß ihn keiner vergißt.

Neue Pläne

Um die beabsichtigte Wirkung zu erzielen, von der Dr. Tröndlin in seiner Eröffnungsrede gesprochen hatte, sollte künftig nur die reichliche Hälfte des Areals für Beerdigungszwecke zur Verfügung stehen. Daran hatte man sich gehalten, und es ist vor allem ein Verdienst des Ratsgärtners Otto Wittenberg, daß die Anlage am Napoleonstein schon bald als „Vorbild neuzeitlicher Friedhofsgestaltung" galt.
Bereits im Eröffnungsjahr wurden 929 Verstorbene auf dem südlichen Friedhof beigesetzt. Von 1892 an pegelte sich die Anzahl der Beerdigungen auf reichlich zweitausend pro Jahr ein, und bis zum 1. Juni 1910 registrierte man insgesamt 47 870 Beisetzungen, was ohne eine Umgestaltung und Erweiterung des Wittenberg-Licht-Friedhofes nicht denkbar gewesen wäre.
In kluger Voraussicht hatte die Stadt deshalb schon vor der Jahrhundertwende dem Hochbauamt den Auftrag für ein entsprechendes Projekt erteilt. Der Zeitpunkt dafür war günstig, denn durch den 1894 rekrutierten „Deutschen Patriotenbund (D. P.-B.)" war der Forderung nach einem Denkmal auf dem Schlachtfeld von 1813 gerade wieder einmal Nachdruck verliehen worden. Die Planungen und die Sammlungen für dieses Erinnerungsdenkmal in sächsischen Schulen und in der Bevölkerung waren schon in vollem Gange, und 1898 begann man tatsächlich mit den Vorbereitungen für den Bau des mächtigen Monumentes, bei dessen Anblick – so der Dichter Heinz Czechowski – man nicht froh werden kann. Die Einweihung fand zwar erst zum einhundertjährigen Jubiläum der Schlacht bei Leipzig im Jahre 1913 statt, doch schon von Anbeginn war den

Gestaltern des südlichen Friedhofes klar, daß dieser Bau alles verändern würde, und daß man von nun an den Sechs-Millionen-Zentner-Koloß aus Beuchaer Granit bei der Gestaltung des größten Begräbnisplatzes der Leipziger immer vor Augen haben müßte. Und da man ja ohnehin an eine Umgestaltung und Erweiterung gedacht hatte, tat man dies nun gründlicher und – wie man noch heute sieht – zum Vorteil dieses Friedhofes.
Leiter des Hochbauamtes war zu dieser Zeit der spätere Stadtbaurat Otto Wilhelm Scharenberg. Unter seiner Federführung wurde der Erweiterungsplan für den Südfriedhof erarbeitet. Und in geradezu „genialer Weise“, so eine Kennerin der Materie, „gelang es den Planschöpfern, die bereits vorhandenen Friedhofsabteilungen I bis VII in die neue Gestaltung einzubeziehen und einen in sich vollkommenen Plan zu schaffen, der sowohl ästhetischen als auch wirtschaftlichen Gesichtspunkten Genüge tat“.
Eine wichtige Entscheidung war dabei, den notwendig gewordenen Ausbau der provisorischen Leichenhallen und Begräbniskapellen im alten Teil des Friedhofes aufzugeben und durch eine großzügige neue Anlage zu ersetzen. Dieser Neubau sollte allerdings an anderer Stelle und in ausreichender Entfernung zum Völkerschlachtdenkmal – entstehen und das Zentrum des künftigen Wegenetzes werden.
Vergleicht man die Pläne von Hugo Licht und Otto Wittenberg mit denen der Nachfolger, so wird deutlich, daß die bisherige, ein liegendes Kreuz nachbildende Hauptachse ostwärts verschoben wurde, um für die Gesamtanlage eine bessere optische Wirkung zu erzielen. Das war notwendig geworden, weil die Zufahrt zum Denkmal die Ausrichtung der alten Achse bekommen sollte. Nun führte also eine zwanzig Meter breite, neue Hauptallee vom Nordtor zur repräsentativen Kapellenanlage mit dem Krematorium, während ein zweiter Hauptweg vom Osttor an der damaligen Reitzenhainer und der heutigen Prager Straße auf diesen zentralen Punkt zulief. Der weithin sichtbare und alles beherrschende Neubau lag im Zentrum eines großzügigen Rundweges, der die Form eines herzförmigen Blattes bekam, aus dem sich der zum Nordtor führende Kapellenweg wie ein geradliniger Stiel herausschob.
Schmalere Wege untergliederten das „Herzblatt“ so, daß die neu hinzugekommenen Abteilungen übersichtlich und ein-

drucksvoll darin angeordnet waren. Die Gliederung der Friedhofsanlage verriet jetzt deutlich die Handschrift des Architekten, und so konnte man 1907 in Kröners „Handbuch der Architektur“ lesen: „Der Südfriedhof am Napoleonstein ... gehört zu den größten Anlagen von gemischtem Typus in Deutschland. Die rein landschaftlichen Elemente treten nur geringfügig auf, und zwar außerhalb des mittleren Teiles, der in regelmäßiger Anordnung ausgeführt worden ist.“

Das Ausgestalten der einzelnen Abteilungen oblag der Friedhofsverwaltung, der mit Gustav Adolph Mönch seit 1898 ein Mann vorstand, der sich mit großem Engagement und mit Sachverstand für diesen Friedhof einsetzte und im Jahre 1938 fast achtzigjährig starb.

„Besonders auffällig an dieser Gestaltung der Abteilungen ist die architektonisch geordnete Hierarchie der einzelnen Grabgattungen, die zugleich Ausdruck des sozialen Gefüges der Entstehungszeit ist“, schreibt die Landschaftsgestalterin Suzanne Haas in einem Aufsatz. „Wie bereits im älteren Teil des Friedhofs werden die einzelnen Abteilungen, mit ihren einfachen Reihengräbern im Innern, umschlossen von sogenannten Rabattengräbern, die wegen ihrer schönen Lage zur damaligen Zeit gern und in großer Zahl gekauft wurden.

Eine Besonderheit des Südfriedhofs sind die Erbbegräbnisanlagen, die aus Ermangelung von Zwischenmauern im Friedhof die Wandstellen ersetzen sollten und im Zentrum besonders der älteren Abteilungen kleine Begräbnishöfe für sich bildeten. Die attraktivste Form der Grabstellen stellen die sogenannten Wahlstellen dar, die an besonders ausgesuchten Orten des Friedhofs meist schön gelegen zwischen Strauchgruppen plaziert wurden und die durch ihre oftmals architektonisch beziehungsweise bildhauerisch bemerkenswerten Grabmale das Gesamtbild des Friedhofs wesentlich bereicherten.“

„Man hat hier einmal aufgeräumt mit dem alten Zopfe, Friedhöfe möglichst als Orte zu betrachten, die man eben nur als Mittel zum Zwecke haben mußte, die man möglichst raumausnützend und für die Toten anlegte, unbekümmert darum, was die Lebenden empfanden ... Unsere modernen Friedhöfe sollen in allererster Linie schöne Parks sein, prächtige stimmungsvolle Stätten, die in wirksamer Gruppierung landschaftlicher Mittel dem Besucher den Ort nicht zu einem des Grauens ... wandeln

Detailaufnahmen
von trauernden Frauenfiguren

Herbststimmung

sollen, nein, der Besucher soll hier in schöner Umgebung sich gern der Erinnerung hingeben können . . ." urteilte Gustav Mönch in der Rückschau.
Nach fünfjähriger Bauzeit wurden im Jahre 1910 das Krematorium und der Kapellenbau eingeweiht, womit eine neue Entwicklung in der Begräbniskultur einsetzte, die sich auch im äußeren Bild dieses Friedhofes niederschlug.

Die Bauten vom Kapellenberg

Im Jahre 785 hatte Karl der Große zu Paderborn ein Edikt erlassen, das der Kirche das „Monopol der Leichenbestattung" übertrug und die Leichenverbrennung nur noch bei Ausbruch von Epidemien gestattete. Dieser Erlaß sollte für ein reichliches Jahrtausend in unserem Kulturkreis den Umgang mit den Toten bestimmen.
Erst die Aufklärung und die verstärkte Beschäftigung mit der Antike brachten die Diskussionen über die Wiedereinführung der Feuerbestattung allmählich in Gang. 1741 ordnete Friedrich der Große die Verbrennung seines Leichnams an und bezog sich damit ausdrücklich auf das antike Brauchtum.
Gelehrte und Künstler befaßten sich zunehmend mit dieser Frage. „Sagt es niemand, nur den Weisen, / weil die Menge gleich verhöhnt: / Das Lebend'ge will ich preisen, / das nach Flammentod sich sehnt", dichtete der Geheimrat G. aus Weimar; und von Peter Rosegger stammen die programmatischen Zeilen: „Nicht ekle Würmer soll mein Leib einst nähren, / die reine Flamme nur soll ihn verzehren; / ich liebte stets die Wärme und das Licht, / daher verbrennet mich, begrabt mich nicht!"
Vereine, die diesen Gedanken fördern sollten, wurden gebildet, und zwei sächsische Mediziner, der Leipziger Professor Carl H. Reclam und der Dresdner Medizinalrat Dr. Küchenmeister, erörterten nach der Erfindung eines Regenerativ-Gasofens durch Siemens-Schneider die technischen Voraussetzungen für die Einäscherung von Verstorbenen.
Das erste Krematorium Deutschlands hätte also durchaus auf

dem Leipziger Südfriedhof, zumindest aber in Sachsen stehen können. Doch gerade hier waren die Widerstände besonders groß. So kam es, daß der freisinnige Herzog Ernst von Coburg-Gotha im Jahre 1876 das erste deutsche Krematorium in Betrieb nehmen ließ. Und als Professor Reclam starb, mußte er zur Einäscherung bis nach Gotha gefahren werden, weil in Leipzig noch immer nicht an eine solche, von vielen gewünschte Einrichtung zu denken war.
Auch in den folgenden Jahren kam man in dieser Frage nicht voran. Das hatte vielerlei Gründe. Zur Zeit der Sozialistengesetze war jegliche Vereinstätigkeit verdächtig und die Verbindung der Vereine untereinander verboten. Auch nach der Aufhebung dieser Gesetze änderte sich nur wenig im konservativen Sachsen. Dennoch kam es 1891 in Leipzig zur Gründung eines „Vereins für Feuerbestattung", dessen erklärtes Ziel es war, den Bau eines Krematoriums durchzusetzen.
Der Versuch, den Oberbürgermeister Dr. Georgi für diesen Plan zu gewinnen, schlug fehl. Auch die Kirchenbehörden verhielten sich ablehnend. Es fehlte an Öffentlichkeit, und es fehlte vor allem an einer gesetzlichen Regelung durch den Staat. Der Landtag sah keinerlei Handlungsbedarf und tat die Bestrebungen des Vereins lediglich als eine „Laune neuerungssüchtiger Zeit" ab.
Erst zu Beginn des 20. Jahrhunderts kamen die Dinge endlich in Fluß. In der Stadtführung hatte sich manches verändert, und die Stadt selbst war nun sogar bereit, dem Verein am Rande des Friedhofes, mit dessen Umgestaltung man ja gerade befaßt war, Bauland zu überlassen. Dann setzte sich aber die Auffassung durch, die Kapellen, die Leichenhallen und das Krematorium als einen Komplex zu errichten, was die Stadt schließlich in eigener Regie auch tat.
Der friedhofserfahrene Königliche Oberbaurat Scharenberg lieferte den Entwurf, der sich an den turmreichen Klosteranlagen des frühen Mittelalters orientierte und der 1093 gegründeten Benediktinerabtei Maria Laach in der Eifel nachempfunden war. Der Architekt Hackert und der Baumeister Dechant standen ihm zur Seite. Zwei Millionen Mark kostete das Projekt am Ende. Dominierend ist die sechshundert Personen Platz bietende Säulenbasilika des Mittelalters mit ihrem sechzig Meter hohen Glockenturm. Zwei kleinere Feierhallen, die gleichfalls

Geflügelter Merkur, Wahlstelle 310

Weibliche Figur von Carl Seffner, Wahlstelle 127

mit einer Vorrichtung zum Versenken des Sarges in die drei Meter tiefer liegende Einäscherungsanlage ausgestattet sind, entstanden im östlichen und im westlichen Teil des Komplexes, wobei der letzteren alle christliche Symbolik fehlt, weil auch für die Nichtchristen eine eigene würdige Feierhalle zur Verfügung stehen sollte.
Die Grundrisse aller Kapellen ähneln einem griechischen Kreuz. Gänge und Arkaden verbinden die verschiedenen Abschnitte des neuromanischen Bauwerkes miteinander. Beuchaer Diorit und Postaer Sandstein wurden hier vor allem verarbeitet. Bildhauer sorgten für eine reiche plastische Ausschmückung, und auch im Inneren waren viele Künstler am Werk, die u. a. durch die farbige Betonung von Kapitellen, von Säulen, Gesimsen und Wandfeldern wichtige Akzente zur Raumgliederung setzten und durch die Gestaltung von Decken, von Türen und Altären, von Oberlichtern, Kandelabern und Böden dazu beigetragen haben, daß würdige Vorräume und Feierhallen entstehen konnten.
An die Hauptkapelle schließt sich das Krematorium harmonisch an, und die beiden zweiundzwanzig Meter hohen Schornsteine sind so geschickt in den Gesamtkomplex eingefügt, daß auch sie den guten Gesamteindruck nicht zerstören.
Hinter dem Krematorium liegt das Kolumbarium. Von diesen fünfteiligen Gruftarkaden führen zwei Freitreppen in den Urnenhain und zu einer unteren Urnenhalle. Ein inniges Verhältnis haben die Leipziger zu dieser Art der Urnenaufbewahrung allerdings nicht entwickeln können, was angesichts der vielfältigen Möglichkeiten auf diesem weitläufigen Friedhof wohl auch verständlich ist. Und so findet man denn in vielen Abteilungen zwischen Buschwerk und Bäumen oder als Bestandteil größerer Grabmalanlagen zumeist sehr dekorativ gestaltete Urnen, die das Bild des Friedhofes zusätzlich beleben.
Die Ostkapelle konnte bereits 1908 übergeben werden, die Westkapelle im April 1910. Am vierzehnten Januar des gleichen Jahres waren die Hauptkapelle und das 18. Krematorium Deutschlands offiziell in Betrieb genommen worden. Die erste Einäscherung hatte bereits im Dezember des Vorjahres stattgefunden. Der da verbrannt worden war, hieß Georg Wilhelm Max Woelker, war Kaufmann, Fabrikbesitzer und natürlich ordentliches Mitglied im „Verein für Feuerbestattung".

Von den im Jahre 1910 verstorbenen 8042 Leipzigern zogen 320 die Einäscherung dem Erdbegräbnis vor. Zwanzig Jahre später hatte sich bei annähernd gleicher Anzahl von Verstorbenen der Anteil der Feuerbestattungen auf fast dreißig Prozent erhöht. Nach und nach entwickelte sich Leipzig zu der Stadt in Deutschland mit dem höchsten Anteil an Feuerbestattungen, der heute etwa neunzig Prozent beträgt.
Seit der Einweihung des „Scharenberg-Klosters" sind mehr als acht Jahrzehnte vergangen. Mehrmals mußten in der Vergangenheit am Baukörper und an den technischen Einrichtungen notwendige Erhaltungs- und Modernisierungsmaßnahmen durchgeführt werden; in den Jahren 1973 bis 1976 war ein Umbau des sozial-hygienischen Traktes erforderlich geworden. Auch gegenwärtig findet eine aufwendige Restaurierung der unter Denkmalschutz stehenden Anlage statt, die ihrer zentralen Lage und ihrer Gestalt wegen ein weithin sichtbares Wahrzeichen dieses Friedhofes ist.

Vom Kaiserreich zur Gegenwart

Das Krematorium und die Kapellenanlagen waren also bis zum Jahre 1910 errichtet worden; das Verwaltungsgebäude und die Dienstwohnungen hatten ihren Platz am Rande des Friedhofs erhalten; Stallungen, Kutscher- und Gärtnerwohnungen waren im östlichen Teil entstanden. Es gab Überwinterungsräume für die Pflanzen, und es gab vom Jahre 1904 an einen eigenen gärtnerischen Betrieb. Ein Ende des Gestaltens war aber auch damit nicht in Sicht gekommen, denn ständig galt es, Altes behutsam zu verändern und – den Erfordernissen Rechnung tragend – Neues zu schaffen.
Paul Benndorf, der verdienstvolle Vorsitzende des Leipziger Geschichtsvereins, vertrat in einem Beitrag über den Südfriedhof, der im „Leipziger Kalender" des Jahres 1911 erschien, die Ansicht, daß das Areal dieses Friedhofes noch bis zum Jahre 1940 ausreichend sein werde. Und da mit einer Zunahme der Urnenbestattungen gerechnet werden konnte, würde sich, so

Bildhauer Cöllen · Prof. J. Màgr, Frauenkopf im Jugendstil
Pieta, Bronzeplastik, Wahlstelle 16

Weibliche Marmorfigur, Erbbegräbnis I

Benndorf, „der Termin der Vollbesetzung mit Erdgräbern (sogar) noch um ein Bedeutendes hinausschieben“ lassen.
Als er fünfzehn Jahre später starb und in der XX. Abteilung beigesetzt wurde, hatte der Südfriedhof allerdings schon wieder Landzuwachs bekommen und Veränderungen durchgemacht. Die Auswirkungen des Krieges, von dem Benndorf noch nichts hatte wissen können, spielten dabei eine wesentliche Rolle. So hatte man in den Jahren 1915-1916 einen Kriegerhain in der XV. Abteilung anlegen müssen, und es war wohl vor allem der hohen Bevölkerungssterblichkeit als einer der Nachwirkungen dieses Weltkrieges geschuldet, daß die für Beerdigungszwecke vorgesehenen freien Flächen schon vor der vorausgesagten Zeit rar geworden waren.
Bereits 1914 hatte man an der südlich gelegenen neuen Abteilung XXII gearbeitet. Nach dem Krieg brachte man das einmal Begonnene zu Ende. Außerdem ermöglichte der Zukauf angrenzender Ackerflächen das Anlegen von vier weiteren Abteilungen, der XXIII. bis XXVI.
Die Gestaltung dieses südöstlichen Friedhofsabschnittes wurde 1920 in Angriff genommen und beanspruchte die Mitarbeiter fast ein volles Jahrzehnt. Mit der Ausführung betraute man Hans Ackermann, der Gustav Mönch 1924 in der Leitung des Südfriedhofes ablöste.
„Ganz im Sinne der neuen Gestaltungsidee handelte es sich dabei um eine streng architektonisch gegliederte Heckenanlage aus Hainbuchen, Lebensbäumen, Mahonien und Eiben, die durch eine geradlinige Längsachse und eine Querachse in regelmäßige Abschnitte geteilt wurde. Durch die Hecken wurden kleinere umgrenzte Räume geschaffen, die zugleich die Übersichtlichkeit erleichtern und von den Hauptwegen aus den Blick auf die Grabsteine verdecken sollten.
Parallel dazu wurde von 1921-27 die Anlage des heutigen Urnengartens geschaffen. In ähnlicher Weise wurde diese von einem Rundweg hippodromartig umschlossene Anlage auch von Hecken gegliedert. An markanten Punkten, wie dem Mittelteil, sollten helle Laubbäume, z. B. Zierkirschen, die strenge Atmosphäre auflockern.“ (Haas)
Schaut man sich vor Ort um, dann erkennt man, daß die nachfolgenden Jahrzehnte auch an diesem Friedhofsteil nicht spurlos vorübergegangen sind. Die einst markanten Hecken sind

des hohen Pflegeaufwands wegen wie an anderen Stellen dieses Friedhofes durch pflegeleichtere Anpflanzungen ersetzt worden; und wie in anderen Abteilungen hat die Natur selbst zur Veränderung des äußeren Erscheinungsbildes beigetragen: Hier sind aus unbedeutenden Büschen raumbeherrschende, stattliche Großsträucher geworden, dort aus Grabgehölz ein Baum . . .

Bis zum Ende des zweiten Weltkrieges gab es dann noch einmal eine Friedhofserweiterung. In dieser Zeit entstanden die Abteilungen XXVII und XXVIII. Sie waren den in Leipziger Lazaretten verstorbenen Soldaten und den Opfern der Bombennacht vom 3. auf den 4. Dezember 1943 vorbehalten.

Während dieser Jahre unterblieben alle anderen notwendigen Arbeiten auf dem Friedhof. Schon 1941 hatte man die Einstellung der Grabpflege mitteilen müssen. „Infolge der bekannten Zeitverhältnisse . . .“, hieß es dazu erklärend in einem Rundschreiben. Und als auch dieser Krieg sein Ende gefunden hatte, stand zunächst Dringlicheres an als das Herrichten des von Bombenabwürfen nicht verschont gebliebenen Friedhofes.

Erst nach und nach konnte man sich einer Bestandsaufnahme zuwenden, erst nach und nach zu einer Gesamtkonzeption durchringen, die den Südfriedhof als wichtigsten Begräbnisplatz der Stadt, als Bestandteil des städtischen Grünsystems und als historisches Flächendenkmal betrachtete und eine künftige Flächennutzung festlegte. Jedem Friedhofsabschnitt wurde nun eine bestimmte Grundfunktion zugeordnet. Zudem galt es , das gestiegene Interesse an Kremationen und Urnenbeisetzungen in dieser Gesamtkonzeption zu berücksichtigen, was auch das Gestalten und Anlegen von Urnenfeldern und Urnengemeinschaftsanlagen bestimmte, deren Zahl inzwischen auf neun angestiegen ist.

Ganze Abteilungen wurden im Verlauf der Jahre rekonstruiert, wobei das bisherige Straßen- und Wegenetz sowie der Alt-Baumbestand den äußeren Rahmen vorgaben. Für vorerst nicht benötigte Flächen wurde die Umwandlung in Grünanlagen vorgesehen. „Die an die Hauptachsen, das heißt jene Straßen zwischen den drei Haupttoren und dem Krematorium, unmittelbar angrenzenden Flächen sind ebenfalls vorwiegend als Rasenflächen ausgewiesen, (um) die Achsen in ihrer gestalterischen Absicht (zu betonen) und die Sichtbeziehungen zum Kre-

Relief des Roßbändigers
Grab des „Zigeunerkönigs“, Wahlstelle 172

Schwebender Grabengel, V. Rabatte 235/36

matorium (herzustellen)“, heißt es in einer 1980 dazu erschienenen Schrift, in der die Nord-Süd-Achse zwischen Nordtor und Krematorium vorausschauend schon als der „am intensivsten gestaltete Teil der Gesamtanlage“ und der künftige Ehrenhain als „Dominante des Friedhofes“ herausgestellt wurden. Die Übergabe dieses neugestalteten Ehrenhains, von dem an anderer Stelle noch zu reden sein wird, erfolgte 1986 und damit im Jubiläumsjahr des Friedhofes.
Seit der Eröffnung des Südfriedhofes im vorigen Jahrhundert hatte auch die Hauptgeschäftsstelle aller städtischen Friedhöfe ihren Sitz an diese zentrale Stelle verlegt. Aus dieser Hauptgeschäftsstelle entstand im Jahre 1911 das Städtische Friedhofsamt, das 1952 zum VEB Bestattungs- und Friedhofswesen umgewandelt wurde, der wiederum mit seinen fast dreihundert Mitarbeitern zum größten Dienstleistungsunternehmen seiner Art im Osten Deutschlands avancierte.
1990, im Jahr der „Umbenennungen“ also, wurde aus dem „VEB“ wieder ein Friedhofs- und Bestattungsamt. Die immensen Aufgaben aber sind die gleichen geblieben, gilt es doch, einen großen Begräbnisplatz zu unterhalten, der seines Alters und seiner Schönheit wegen als Flächendenkmal zu schützen ist, der zur letzten Ruhestätte vieler bedeutender Persönlichkeiten wurde und eine große Anzahl von Grabdenkmälern enthält, die – jedes für sich genommen – schon allein einen Gang zu dieser Stätte rechtfertigen würden.
Friedhöfe sind wichtige Zeitzeugen. Als der Leipziger Südfriedhof vor mehr als einhundert Jahren eröffnet wurde, herrschte in Sachsen noch ein König und in Deutschland der Kaiser. Und so befinden sich hier auch Gräber von Menschen, die König und Kaiser noch gekannt und dies der Nachwelt durch wundersame Titel auf den Grabsteinen auch gern kundgetan haben wie der Kaiserliche Bankdirektor Ernst Robert Frenkels, der Königlich-Sächsische Geheime Rat Grünler, der Major a. D. der Kaiserlichen Schutztruppen für Deutsch-Ostafrika Ernst Otto. Als der allerdings 1927 zu Grabe getragen wurde, war aus dem Reich längst eine Republik geworden, die drei Jahre später wieder von einem Reich abgelöst wurde. Nach dessen unrühmlichen Ende lag der Südfriedhof auf einmal in einer sowjetisch besetzten Zone, was dazu führte, daß hier vom Jahre 1949 an für gut vierzig Jahre fast ausnahmslos DDR-Bürger mit Leipziger

Wohnsitz beigesetzt wurden. Vom 4. Oktober 1990 an, einem sonnigen Montag übrigens, begrub man nur noch Bundesbürger, weil es die anderen ja inzwischen nicht mehr gab.
Ein Friedhof, aber zwei Reiche und drei Republiken, dazwischen eine besetzte Zone und ein kurzes amerikanisches Intermezzo ... Mit einer solchen Vielfalt kann kein anderer großer deutscher Friedhof aufwarten! Und da eine jede Zeit auch auf den Friedhöfen ihre Spuren hinterläßt, liegt es auf der Hand, daß man auf dem Leipziger Südfriedhof eine Menge dieser Zeit-Zeichen finden kann: aufdringliche und versteckte, nachdenklich stimmende und kuriose ... Und so führt ein Begräbnisplatz von der Größe und von der Ausdehnung des Leipziger Südfriedhofes nicht nur wichtige Phasen aus der Entwicklung deutscher Friedhofskultur vor; er dokumentiert auch auf andere Weise Zeitgeist und Zeitempfinden, Weltläufe, nationale Entwicklungen und Tragödien. Das macht ihn uns über seine ureigenste Bestimmung hinaus wertvoll und schützenswert.

Von Kriegermalen und Weltkriegsopfern

Im gesamten Friedhofsbereich begegnet man noch immer Zeichen, die auf die Kriege dieses Jahrhunderts und auf ihre Opfer hinweisen. Groß und unübersehbar die einen, versteckt die anderen. Manchmal verrät lediglich ein Datum, eine Ortsbezeichnung, ein Wort, daß da eines Gefallenen gedacht wird, eines nicht Heimgekehrten, der fern von Leipzig in fremder Erde ruht. Manchmal erfahren wir mehr ...
Da ragt dicht neben dem Hauptweg der ersten Abteilung ein behelmtes Eichenkreuz zum Gedenken an den „vor Moskau gefallenen Sohn Wolfgang Kloss“ auf; da ist einer „geblieben vor dem Feind in Mazedonien“; 1941 „an seinen Verwundungen bei Prag“ gestorben; „abgestürzt in Flandern“; „gefallen beim Sturm an der Spitze seiner Kompanie“ ... Auf einem Grabstein in der Nähe des östlichen Friedhofseingangs erfährt man, daß der Polizeipräsident Georg Mählich im April 1946 im Alter von 65 Jahren in Kriegsgefangenschaft gestorben ist. „Wir haben

Trauernde in weichfließendem Gewand, Wandstelle 46

Detailansichten von Kriegergräbern

ihn heimgeholt“, heißt es auf einem Kreuz für den toten Sohn, was immer damit auch gemeint sein mag . . .
So holt uns der Krieg auch auf diesem Friedhof immer wieder ein. An einigen Stellen prägen Ehrengrabanlagen und Gedenkstätten für die Toten des 1. Weltkrieges das Bild. Sie entstanden zumeist auf Initiative hiesiger Traditionsverbände, die auch das Geld dafür aufbrachten, Architekten auswählten und Bildhauer beauftragten, um den Gefallenen ihrer aufgelösten Regimenter ein Denkmal zu errichten. Die dafür erforderlichen Wahlstellen stiftete die Stadt, und da das Trauma des Krieges und der Niederlage noch tief in den Davongekommenen steckte, setzte zu Beginn der zwanziger Jahre eine rege Bautätigkeit auf dem Südfriedhof ein. Allein bis 1929 entstand hier ein knappes Dutzend solcher Kriegerdenkmäler. Daß sie im wesentlichen das Totenerinnern in den Vordergrund stellten, hatte ganz entscheidend mit dem Einfluß des Friedhofsamtes und des Leipziger Hochbauamtes zu tun, von denen auch in diesen Fällen jeder Vorschlag hinsichtlich seiner beabsichtigten Ausführung und seiner Wirkung im Gesamtbild des Friedhofes genau geprüft wurde.
Als beispielsweise der Leipziger Bildhauer Kurt Günther für das von Arthur Hoffmann entworfene Ehrenmal für die viertausend Gefallenen der Sächsischen Fußartillerie-Regimenter 12 und 19 eine naturgetreue Geschütznachbildung als Bekrönung der Anlage vorschlug, lehnte das Hochbauamt kurzerhand ab. Es machte künstlerische Bedenken geltend und verwies darauf, daß „die realistische Darstellung eines Geschützes als Denkmal nicht mit dem Friedhofscharakter in Einklang“ zu bringen sei und es zudem „auf Andersdenkende an dem gedachten Ort herausfordernd wirken“ müsse.
Das war im Frühjahr 1927. Günther und Hoffmann protestierten, schließlich stand der Termin der Denkmalübergabe anläßlich des 8. Sächsischen Fußartillerietages in Leipzig im Herbst bevor. Doch letztendlich kamen sie nicht um einen neuen Entwurf herum.
Nicht alle der damals auf dem Südfriedhof errichteten Erinnerungsmale für die Gefallenen, für die auf Märschen Umgekommenen oder in Lazaretten Gestorbenen sind noch erhalten. Das interessanteste von denen, die blieben, befindet sich in der XX. Abteilung und ist den Toten des 107. Infanterie-Regiments

gewidmet. Der durch ein Kranzgesims verbundene Pfeilerrundbau wurde von Otto Paul Burghardt für den Denkmalausschuß des Regimentes entworfen und 1921 dem Amt zur Begutachtung vorgelegt.
„Die Rundstufen mit dem inneren Plattenbelag gelangen in echtem Muschelkalk, alle übrigen Architekturteile in echtem guten sächsischen Sandstein, sogenannten Postaer oder Teichstein, zur Ausführung, die drei Widmungstafeln und die drei Kriegerköpfe, verschieden durchgebildet, werden in echter Bronze hergestellt", erläuterte Burghardt dem Friedhofsamt gegenüber seinen Entwurf, den er noch mit dem Zusatz „Eilt!" versehen hatte, und „höflichst (bat er) um recht baldige Erteilung der Genehmigung, (denn) um Lohnsteigerungen fern zu halten, (sei) der Beginn der Arbeiten (schon) in die Wege geleitet worden".
Burghardts Entwurf wurde genehmigt. Die erwähnten und ebenfalls in Bronze gegossenen Widmungstafeln befinden sich im Inneren der Anlage. Auf ihnen ist vom Eid die Rede, von Kaiser, König, Volk und Vaterland. Sie „starben im großen Krieg 1914-1918 gegen eine Welt von Feinden den Heldentod, erlagen schweren Wunden oder den Anstrengungen des Kampfes", heißt es auf einer dieser Tafeln. Die Zahl der Toten wird genannt, untergliedert nach Offizieren, nach Unteroffizieren und Mannschaften. Die bekränzten Bronzeköpfe sind an der Außenseite der Pfeiler angebracht und erwecken den Eindruck, als wollten die Krieger nach drei Richtungen über diesen Friedhof davonstürmen. Unter den Köpfen sind die Stationen der drei Formationen des 107. Regimentes eingemeißelt. So wird der Verlauf der Kämpfe nachgezeichnet: „Vormarsch Frankreich 1914, Vormarsch Galizien 1917, Große Schlacht Frankreich 1918, Rückzugsschlachten 1918", steht unter dem einen Soldatenkopf; „Tannenberg August 1914, Warschau Oktober 1914, Karpaten April bis Mai 1915 ... Charkow April 1918" unter einem anderen. Geschichtsunterricht am Wegekreuz der XX. Abteilung ... (0 11, XX. Wahlst. 181)
Als man in den achtziger Jahren daran ging, den 1915/16 entstandenen Kriegerhain in der XV. Abteilung in eine Grünanlage umzuwandeln, wurden die vorhandenen Kissensteine und der Gedenkblock aus Rochlitzer Porphyr in die XX. Abteilung verlegt, wo man an der Gestaltung einer neuen Ehrenanlage für

Herbstliche Farbsymphonie

Vom Weinlaub bedeckt

die Toten des 1. Weltkrieges arbeitete. Dort wird nun an die toten Soldaten erinnert, an die in Leipziger Lazaretten Verstorbenen, an Gefreite, an Kanoniere, Musketiere ... Manche Namen sind auf den flachgelegten Platten schon nicht mehr zu lesen. Moos füllt die Vertiefungen, und nach einem Regen wachsen manchmal Moosnamen grün aus dem Stein ...
Ein Stück weiter stößt man auch auf die 1924 von Heinrich Brenner für das 245. Infanterie-Regiment entworfene abstrakte Stele aus Beuchaer Diorit, während gleich zu Anfang der XIX. Abteilung aus dem dichten Grün hoher Rhododendronsträucher die Spitze eines anderen Denkmals ragt. Mit ihm wird der Treue der Gefallenen des Infanterie-Regiments 416 gedacht, und das Relief von William König zeigt einen nackten Jüngling, der seine Rechte zum Schwur erhoben hält. (0 10, XX. Wahlst. 315; 0 12, XIX. Wahlst. 311)
Dem Sächsischen Feldartillerie-Regiment Nr. 77 hat Karl Seffner 1922 ein Denkmal gewidmet. Die Wetter haben dem von Buschwerk dicht umwachsenen Werk aus Muschelkalk in den letzten siebzig Jahren zugesetzt. Die Bekrönung – eine steinerne Kugel und darauf eine Granatflamme – mag man noch erkennen, die Stätten des Kampfes sind jedoch zum Teil schon ausgelöscht. (P 15, XVII. Wahlst. 258)
Es gibt auch Anlagen für die Gefallenen des 2. Weltkrieges auf diesem Friedhof; doch die fallen bescheidener aus, und für großartige Denkmale war das ohnehin nicht die Zeit, von nach außen gezeigter Heldenverehrung – wie sie nach dem 1. Weltkrieg noch möglich war – ganz zu schweigen.
Nahe der 7. Gruppe der XXVII. Abteilung (L 4-5) stößt man auf Namensplatten, die von einer größeren Grabanlage übriggeblieben sind. Auch in der 2. Gruppe der XIX. Abteilung und in der 5. Gruppe der XXIV. Abteilung bestehen Ehrengrabstellen mit einem Gedenkstein.
An die bei den Luftangriffen umgekommenen 3200 Leipziger erinnert die eigens dafür angelegte Abteilung XXVIII am Südost-Tor (L-N/2-6). Bis in die fünfziger Jahre hinein bestand diese Anlage aus gehügelten Einzelgräbern, die mit einheitlichen Holzkreuzen versehen und mit Rosenstöcken geschmückt waren und sich in städtischer Pflege befanden. Als die fünfzehnjährige Ruhefrist abgelaufen war, wurde diese Anlage zu einem Ehrenmal für die Opfer und einem Mahnmal für die Lebenden

umgestaltet. Die Grabhügel wurden eingeebnet, die Gedenksteine flachgelegt, und heute gleicht diese Abteilung mit ihrer wegelosen Rasenfläche, mit ihren Birken, den Baumgruppen und Sträuchern einer weiträumigen Parkanlage, die die Toten nicht vergessen läßt und eine würdige Atmosphäre schafft. Das hohe Granitkreuz zwischen der 5. und 6. Gruppe befand sich ursprünglich in einer Wandstelle des Friedhofes. Nun erinnert es wie der 1983 in die 8. Gruppe eingefügte Gedenkstein an die Luftkriegstoten der Stadt.

Gedenken, wenn die Blätter fallen

Wer sich dem Südfriedhof vom Parkplatz am Völkerschlachtdenkmal her nähert, der kann bei genauerem Hinsehen zwischen dem Nord- und dem Westtor Abkürzungen und Worte auf dem Pflaster entdecken, die in exaktem Abstand und mit wetterbeständiger Farbe vor langer Zeit aufgetragen und noch immer nicht abgetreten oder abgefahren worden sind.
„Parteien u. MO", „BZ. u. St.", „bew. Org.", ist da noch zu erkennen: „SED-SBL u. RdSB" . . . Einem Fremden muß das Rätsel aufgeben, in einem Zeitgenossen (Ost) allerdings – und in einem Leipziger zumal – wird diese Pflastersteinbeschriftung am Friedhofsweg mancherlei Erinnerungen auslösen. Und mühelos wird er die Kürzel auflösen und den Zeitgenossen (West) darüber aufklären können, daß es sich hierbei um die Stellplätze der Spitzen von Vorwende-Parteien und Massenorganisationen des Bezirkes und der Stadt handelte, daß diesen die Vertreter der „bew. Org.", der bewaffneten Organe also, folgten, denen sich wiederum die SED-Stadtbezirksleitungen, der Rat des Bezirkes und nach strengen Kriterien ausgewählte Abordnungen Leipziger Großbetriebe und verschiedener anderer Einrichtungen anzuschließen hatten. Jahr für Jahr versammelte man sich – wenn der Sommer vorüber war und die Blätter fielen – auf dem Leipziger Südfriedhof, um am zweiten Sonntag im Sep-

Jüngling mit Lorbeerkranz und gesenkter Fackel
Frauenakt aus Muschelkalk, von C. Seffner · Terrakottafigur, VI. Abteilung

Trostspenderin, nach C. Seffner, am Eingang Nordtor
Goldener Herbst mit Ginkgobaum am Wiesenweg (Seiten 42/43)

tember der Opfer des Faschismus zu gedenken ... Ein Ritual, das für das gesamte Land festgeschrieben war und von Großkundgebungen der Partei- und Staatsführung begleitet wurde, die die Presse stets als eine „machtvolle Manifestation gegen Faschismus und Krieg, für Frieden und Sozialismus" feierte. Zu diesem Anlaß wurde das ansonsten verschlossene Nordtor des Südfriedhofes geöffnet, damit sich der Zug der „Auserwählten" eindrucksvoll und geradlinig dem „sozialistischen Ehrenhain" zubewegen konnte, einer Anlage, die von Anbeginn nicht unumstritten war und seit ihrer Fertigstellung im Jahre 1986 den radikalsten Eingriff in die gewachsenen Strukturen des über einhundertjährigen Südfriedhofes darstellt.
Dabei hatte alles zunächst ganz anders und viel schlichter begonnen. 1945 war hier die Asche jener achtzig Häftlinge aus dem Konzentrationslager Abtnaundorf ausgestreut worden, die beim Anrücken der Amerikaner von der SS bei lebendigem Leibe in ihren Baracken verbrannt worden waren. Ihnen wurde später der inzwischen umwachsene Gedenkblock aus Rochlitzer Porphyr auf der Mittelachse gesetzt. (K 20)
Nach dem Ende des Krieges begann man auch mit dem Anlegen der Gräber für zwölf ermordete Leipziger Antifaschisten. Auf den Grabplatten findet man den Namen von Alfred Frank, dem Leipziger Maler und Grafiker, der in Deutschlands finsterster Zeit seine Bilder mit einem roten Stern signiert hatte. Da liegen die sterblichen Überreste von Kurt Kresse, dem Vorsitzenden des Sportvereins „Fichte", von Arthur Hoffmann und Richard Lehmann, von Georg Schumann und Georg Schwarz, von William Zipperer und anderen.
Ihnen hat der Dresdner Bildhauer Professor Walter Arnhold mit seiner 1948 entstandenen Bronzeplastik „Sterbender Kämpfer" ein Denkmal gesetzt, das zugleich auch ein Mahnmal ist. (J 17)
Diese kleine Gräbergruppe wurde dann einige Jahre später zum Ausgangspunkt einer „zentralen Ehrenachse", die einen Großteil des vom Nordtor zum Krematorium führenden Hauptweges beanspruchte und stetig erweitert wurde.
Die Anlage wurde aus Löbejuner Quarz-Porphyr gestaltet und mit Rasen und Buschrosen geschmückt. Einheitliche Kissensteine bezeichnen die in drei Feldern angeordneten Urnengräber all jener Persönlichkeiten, die sich aus dem herrschenden Geschichtsverständnis heraus besondere Verdienste als „anti-

faschistische Widerstandskämpfer, (als) Aktivisten der ersten Stunde, (als) verdiente Erbauer des Sozialismus“ erworben hatten.
Manch einer von denen, deren Urne hier beigesetzt und deren Grabstelle seither zentral gepflegt wird, hätte vielleicht ganz gern an einer anderen Stelle auf diesem Friedhof begraben sein mögen; ein anderer wahrhaftiger Streiter hätte auf diese Art der Herausstellung, die ja auch als Privileg verstanden werden kann, gern verzichtet. Nach manchem Namen wird man hier vergeblich suchen. Denn wer im Ehrenhain plaziert und somit „zentral“ geehrt werden durfte, darüber wurde an höherer Stelle befunden, und was dort beschlossen war, das ließ sich nicht mehr rückgängig machen. Der Nebenhain zur Rechten und zur Linken der Achse blieb den Angehörigen und denen aus dem zweiten und dritten Glied vorbehalten. Eine Hierarchie, die über den Tod hinaus reichte und die befremden muß.
In den achtziger Jahren ging man daran, die „zentrale Ehrenachse“ in eine „repräsentative, allseitig sichtbare und gut einsehbare Anlage“ umzuwandeln. Dazu benötigte man Platz, und um diesen Plan verwirklichen zu können, wurden die Linden zu beiden Seiten des Hauptweges gefällt und angrenzende ältere Friedhofsteile aufgelöst.
Die Ausführung des Planes wurde einer Gestaltergruppe der Kunsthochschule Berlin-Weißensee übertragen. Für die künstlerische Umsetzung zeichnete der Bildhauer Professor Karl-Heinz Schamal verantwortlich.
Wo sich der Ehrenhain nach Osten und Westen hin zu einer weitläufigen granitbefestigten Anlage mit Mauern und Stufen weitet, erinnert eine unvollendete Stele an die Opfer des Widerstandes von 1933-1945 und ein liegender Steinblock mit herausgearbeitetem stilisierten Stern auf der Oberseite an die während der Märzkämpfe 1920 Gefallenen. Auf der anderen Seite dominiert ein aus fünf Relieftafeln zusammengefügtes Monument, dem eine Säule vorgesetzt ist. Dem Betrachter werden – beginnend mit dem Jahr 1848 – die (aus der DDR-Sicht) markantesten Fakten aus der Entwicklung der nationalen wie der internationalen Arbeiterbewegung vorgeführt: Sozialistengesetze und Oktoberrevolution, Reichstagsbrand und Einheitsfront, NKFD, Nationalkomitee Freies Deutschland, und 1945 . . . Auf der letzten Tafel verschmelzen über den Köpfen von Pieck

und Grotewohl die Parteikürzel KPD und SPD zu einem größeren SED, und man fragt sich natürlich, wie ein neues, ein sechstes Relief auszusehen hätte . . . Auf der benachbarten Wand werden die Namen all jener Persönlichkeiten genannt, deren Leben auf irgendeine Weise mit Leipzig oder mit der Arbeiterbewegung verbunden war.
Am 6. Oktober 1986, am Vorabend des 37. DDR-Jahrestages also, wurde die Anlage übergeben und als neues „politisch-künstlerisches Schmuckstück“ der Stadt gepriesen.
Jede Zeit schafft sich ihre eigenen Denkmale. Denkmale, die jedoch mit solchem Aufwand und mit so einseitiger Ausrichtung entstehen, die nicht Totenmal sondern Siegesmal sein wollen und als Aufmarschplätze konzipiert sind, müssen wie Fremdkörper auf einem Friedhof wirken, der für alle da sein will.
Es war daher abzusehen, daß mit dem Zusammenbruch der DDR-Gesellschaft auch dieser Ehrenhain einer realistischen Neubewertung unterzogen werden würde. Inzwischen hat sich eine interfraktionelle Arbeitsgruppe der Leipziger Stadtverordnetenversammlung unter Leitung des Stadtpräsidenten Magirius der fragwürdigen Ehrenachse angenommen. Einigkeit herrscht darüber, daß alles, was mit dem Friedhof nichts zu tun hat, umgestaltet werden muß und daß die denkmalgeschützte Hauptachse unter Wahrung der Totenruhe der im Mittelteil Bestatteten hergestellt werden soll.
Geschichte zum Anfassen, wenn man so will. Doch die Geschichtslektion am Ehrenhain geht weiter: An einem Septembertag des Jahres 1992 wird auf dem Rasen am Rande der Anlage ein Gedenkstein eingeweiht. Die niedergelegten Kränze stammen vom Peters Musikverlag aus Leipzig; von der Deutschen Bibliothek, Deutsche Bücherei Leipzig; vom Vorstand der Israelitischen Religionsgemeinschaft zu Leipzig; vom Musikinstrumentenmuseum der Universität; von der Henriette-Goldschmidt-Stiftung; von Verwandten aus London und aus New York . . . Was hier stattfindet, ist eine verspätete Ehrung für Dr. Henri Hinrichsen, den Leipziger Verleger, den Kunstsammler, den Mäzen, der nach dem Tode von Max Abraham im Jahre 1909 die berühmte Edition Peters weiterführte, der mit der Heyerschen Musikinstrumentensammlung den Grundstock für das Musikinstrumentenmuseum der Universität stiftete, der die erste deutsche Hochschule für Frauen schuf . . .

Henri Hinrichsen war Jude. Am 17. September 1942 wurde er in Auschwitz vergast. An ihn und an die anderen umgekommenen Familienangehörigen sowie an Max Abraham, den Eigentümer des Musikverlages Breitkopf & Härtel und Begründer der seit 1867 bestehenden Edition Peters, erinnert dieser Stein. Er steht an jener Stelle, an der sich einst das Familiengrab von Hinrichsen und Abrahm befand. Die Wahlstelle wurde in den siebziger Jahren eingezogen, weil für die Umgestaltung des sozialistischen Ehrenhains viel Platz gebraucht wurde, weil der Respekt vor den Verdiensten dieses Mannes auch zu jener Zeit fehlte, weil sich aus der Familie niemand mehr wehren konnte . . .
Nun gibt es diesen Stein an der Stelle des abgeräumten Familiengrabes. Eine „kulturelle Schandtat" aus jüngerer Vergangenheit ist damit rückgängig gemacht worden. Nun erinnern wir uns wieder. Und das ist gut. (M 21)

Erholungsraum und ökologische Nische

Wer den Südfriedhof häufiger aufsucht, wird erkennen, daß keine Abteilung der anderen gleicht. Jede hat ihre Besonderheit, jede ihren eigenen Charakter. Überwiegt an der einen Stelle der Eindruck, man sei in einer aus alten Bäumen gebildeten Parkanlage unterwegs, so wird man an einer anderen mit dem Gartencharakter der Anlage konfrontiert, stößt auf Ruhebänke und auf Pavillons an den Wegekreuzen, folgt Pfaden, die sich durch Wiesen und Buschgruppen schlängeln, durch abgeräumte Grabfelder führen und vielleicht zu einem von Seerosen bedeckten Teich . . .
Im Verlaufe seiner gut einhundertjährigen Geschichte hat sich der Südfriedhof zu einem wichtigen Bestandteil des städtischen Grüngürtels entwickelt und bildet mit dem nahgelegenen Park eine große zusammenhängende Fläche, deren Einfluß auf Luftfeuchtigkeit und Luftzirkulation beachtlich ist und ein großes Sauerstoffpotential bindet.
Kein Wunder, daß viele den Friedhof als Erholungsraum schon lange für sich entdeckt haben, als ein Refugium, in dem man die

Römischer Krieger, XV. Abteilung

Trauernder Jüngling · Betendes Mädchen
Bronzerelief von Stuckenbruck, Wandstelle 64

lärmende Stadt um sich herum vergessen, in dem man auftanken und Entdeckungen machen kann, die nichts mit Gräbern, mit Grabmalkunst oder Historie zu tun haben, dafür aber mit Bäumen, mit Sträuchern, mit Gräsern und Wildkräutern, mit Blumen und Tieren . . .

Die Artenvielfalt ist verblüffend. Der Südfriedhof besitzt mit zehntausend Sträuchern den größten Rhododendronbestand im Osten Deutschlands, und wer vielleicht seinen Kindern auf überschaubarem Terrain Kastanien, Kornelkirschen, Birken, Pappeln und Ebereschen vorführen will; Weißbuche, Rotbuche, Ahorn und Linde; wer Schwarzkiefern, Seidenkiefern, Lerchen und serbische Fichten sucht, Lebens- und Ginkgobäume, der muß auf dem Südfriedhof nicht lange umherirren.

Auch die Ornithologen zieht es häufig zum Friedhof hinaus, wo sie das Verhalten von Vogelarten studieren können, die in anderen Leipziger Stadtteilen schon lange verschwunden sind. Daß Eichhörnchen zu den ständigen Begleitern der Friedhofsbesucher gehören, hat sich schon herumgesprochen. Aber auch prächtige Feldhasen und Wildkaninchen fühlen sich hier wohl. Gelegentlich verirrt sich auch einmal ein Wildschwein auf das weitläufige Gelände, und Jahr für Jahr erscheint hier ein Reh, setzt sein Kitz und trollt sich wieder, sobald das Kleine laufen kann. Hier findet es ideale Voraussetzungen, hier wird es von niemanden gestört. Und wen wundert's da, daß es jedes Jahr wiederkommt.

Kleiner Wegweiser zu ausgewählten Gräbern

Der Südfriedhof ist in dreißig Abteilungen aufgeteilt, die wiederum durch Nebenwege in übersichtlichere Gruppen untergliedert sind. Die Abteilungen tragen römische, die Gruppen arabische Ziffern. Glasierte Keramik-Blöcke nennen die Nummer des jeweiligen Grabfeldes; beschriftete Schilder erleichtern das Auffinden (z. B. I. Erbbegräbnis 16; II. Uni-Rabatte 130; IV. Wandstelle 17; Ehrenhain).

Die Lage der im Text erwähnten Grabstellen und Gedenkanlagen kann dem beigefügten Plan entnommen werden (z. B. K 16). Außerdem wird die jeweilige Grabnummer genannt, um die Orientierung innerhalb des bezeichneten Quadrates vor Ort zu ermöglichen.
Jeder wird auf diesem Friedhof nach etwas anderem suchen; jeder wird andere Spuren verfolgen wollen und muß deshalb seine Kreise nach eigenen Vorstellungen ziehen.
Dem einen ist vielleicht an den Gräbern der Komponisten, der Musiker, der Thomaskantoren gelegen; einen anderen interessieren die Ruhestätten von Verlegern, von Buchhändlern und Bibliothekaren. Der nächste folgt den Spuren, die Baumeister und Bildhauer auf diesem Friedhof hinterlassen haben. Nach den Gräbern der Dichter sucht dieser, nach frühen LVZ-Redakteuren und Sozialdemokraten vielleicht jener, während wieder andere wissen wollen, wo man die Opfer der Kriege und der Gewaltherrschaft begraben hat, wo Leipzigs Bürgermeister, wo die Ulbricht-Mutter und wo Seifert's Oskar liegen . . .
Die nachstehend aufgeführten Spaziergänge können nur auf einige Grabstätten aufmerksam machen und diesen oder jenen Hintergrund erhellen. Sie sind als ein kleines Angebot aus dem viel größeren zu verstehen, das den Leipziger Südfriedhof auszeichnet. Es sind Mosaiksteinchen aus dem Gefüge einer über hundert Jahre alten Begräbnisstätte, die uns zu eigener Spurensuche und zu eigenem Entdecken anregen mögen.

Spaziergang I

I.6.A.3 (J 26) Ein Gang durch die ältesten Abteilungen sollte beim Grab von Carl August Schmidt beginnen, dem Schriftgießer aus Lindenau, der am 30. Mai 1886 starb und am 2. Juni als erster Leipziger auf dem Südfriedhof beigesetzt wurde. Am Tag darauf fand das Begräbnis eines 64jährigen Markthelfers aus der Härtelstraße 12 statt, der gleichfalls Schmidt hieß und dieser Namensgleichheit wegen lange Zeit irrtümlich als Erstbestatteter geführt wurde.

I. Erbbegräbnis 21 (I 26) Der älteste Tote auf dem Südfriedhof ist Schmidt I allerdings nicht. Der heißt nämlich Gel-

Rhododendron in Herbstfärbung

Nackter Pilger mit Stab, nach C. Seffner, Erbbegräbnis 15

lert, war Professor an der hiesigen Universität, Dichter und Sachse. Gellert starb bereits ein reichliches Jahrhundert vor der Eröffnung des Südfriedhofes und liegt dennoch hier, nachdem er ein Begräbnis und drei unfreiwillige Umbettungen überstanden hat. Als Christian Fürchtegott Gellert, von dem das evangelische Gesangbuch noch immer einige populäre Lieder anführt, im Dezember 1769 starb, wurde er auf dem Alten Johannisfriedhof beigesetzt. Gegen Ende des vergangenen Jahrhunderts baute man die Johanniskirche um und stieß während der Ausschachtungsarbeiten auf den Eichensarg von J. S. Bach. Das war eine gute Gelegenheit den zu verspäteten Ehren gekommenen Thomaskantor an eine würdigere Stelle umzubetten. Er bekam seinen Platz in einer unter dem Altar der Johanniskirche gelegenen Gruft. Bei dieser Gelegenheit wurde auch Gellert hereingeholt und ruhte fortan in einem Sarkophag (den sich der Dichter allerdings mit den Gebeinen seines Bruders Friedrich Leberecht teilen mußte) neben Bach.
Während des Bombardements im Dezember 1943 wurde auch die Johanniskirche getroffen. Die berühmten Toten indes überstanden den Angriff in ihren Särgen. Weil nun aber Abriß und nicht Wiederaufbau des Gotteshauses angesagt war, wurde Bach in seinem 200. Todesjahr in die Thomaskirche überführt, während Gellert schon im Juli 1949 dorthin gebracht worden war, wo ein ordentlicher Leipziger Professor nun einmal hingehörte: in die Universitätskirche nämlich. Dort waren ihm allerdings nur 19 Ruhejahre vergönnt, denn am 30. Juni 1968 wurden die Paulinerkirche und die Universität gesprengt. Mit den Toten, die sich seit Jahrhunderten in den Grüften der Kirche befanden, machte man nicht viel Aufhebens. Sie wurden, weil die Umbettungskostem zu hoch gewesen wären und die Zeit drängte, an Ort und Stelle belassen und kurz darauf mit dem Bauschutt vermischt und fortgefahren.
Mit Gellert ging das wohl nicht so einfach. Er wurde im Rahmen der Aktion „U-P-K“ (Universität-Paulinerkirche) „gerettet“ und in einer Morgennebelaktion zusammen mit wenigen anderen sterblichen Überresten zum Südfriedhof transportiert. In der Nachbarschaft von alten Erbbegräbnissen bekam der Dichter sein viertes Grab . . .
Alte Laubbäume stehen dort und werfen ihre Schatten. Es ist ein sehr stimmungsvoller Friedhofsabschnitt, in dem uns

Grabmalentwürfe von Architekten und Künstlern begegnen, deren Werke das Bild des Friedhofes auch an anderer Stelle ganz wesentlich mitgeprägt haben.

(I–J/25–26) Da ist die von Paul Stuckenbruck 1922 geschaffene Knieende aus Kalkstein (I. Erbbegräbnis 6), und ihr direkt gegenüber steht eine ergreifende, in Marmor gehauene Gruppe von Albrecht Leistner aus dem selben Jahr (I. Erbbegr. 12). Otto Paul Burghardt war der Architekt sowohl der Anlage für Dittmar wie auch der für Görs (I. Erbbegr. 9 und 22). Das Grabmal für Giebner und Morgenstern, durch dessen Säulen man in den benachbarten Friedhofsteil blickt, wurde 1914 errichtet und stammt aus den Dresdner Werkstätten für Friedhofskunst (I. Erbbegr. 23).
Im Weitergehen entdeckt man die Kunststeinfigur einer knieenden Frau der Firma Fränzel (I. Erbbegr. 29) und daneben, fast versteckt im Immergrün dichter Rhododendronbüsche, eine Trauernde aus weißem Marmor von A. Schmiemann aus dem Jahre 1915 vor einem Findling mit Christuskopf (I. Erbbegr. 30).
Ganz in der Nähe fällt das von Curt Fränzel 1931 entworfene Grabmal für die Familie Mannborg auf, dessen im Mittelteil abgebildeten Orgelpfeifen Schlüsse auf die Tätigkeit des Grabstelleninhabers zulassen (I. Erbbegr. 3).
Das Bronzerelief für das benachbarte Grabdenkmal des Fabrikbesitzers Gustav Köllmann stammt von dem bekannten Bildhauer Josef Màgr (I. Erbbegr. 1/2), während der unweit vom Gellert-Grab aus zwei Sträuchern nackt, fröhlich und lebensgroß herausschreitende Pilger ein Werk Carl Seffners ist und wie die meisten der hier versammelten Arbeiten in den ersten beiden Jahrzehnten nach der Jahrhundertwende entstanden ist (I. Erbbegr. 15).

I. UNIVERSITÄTS-RABATTEN (H 26–27) Zur Abteilung I gehören auch die den Leipziger Professoren vorbehaltenen Universitätsrabatten. Dort begegnet man zum Teil noch vertrauten, für das Geistesleben der Stadt repräsentativen Namen; dem des Altphilologen Professor Franz Dornseiff etwa, des Historikers Kötzschke oder der Professoren Julius und Eva Lips . . . Auf manchem Grabstein befinden sich Hinweise auf das Fachgebiet

Denkmal von M. Klinger, VIII. Abteilung

Frauenakte

des Verstorbenen. Die Steine für die Professoren Neese (26), Rammner (40), Mann (67/68) oder für den Sinologen Erkes (83/84) – alle geschaffen von dem Bildhauer Alfred Späte – sind dafür ausgezeichnete Beispiele.

Auf anderen Grabsteinen findet man neben den Daten des Toten zugleich auch ein Lebensmotto oder eine Kurzcharakteristik. „Seine Wissenschaft war die Völkerkunde, seine Heimat war die Welt“, steht unter dem Bronzemedaillon des bekannten Ethnologen Julius Lips, der bis 1950 Rektor der Leipziger Universität war (76/77).

Durch eine von dem Bildhauer Kurt Rudolph in Caputh geschaffene mannshohe Stele aus Mooreiche weckt das Grab des 1986 verstorbenen Professors für Persönlichkeitspsychologie Manfred Vorwerg unser Interesse (80). In einer Zeit, in der die Grabmalkunst an Kultur verloren hat, was sich bis in die Schriftgestaltung hinein äußert, tut es gut, Arbeiten wie in dieser Abteilung zu sehen, und man sollte in diesem Zusammenhang auch an die Stele für die früh verstorbene Malerin Petra Flemming in der sechsten Abteilung erinnern, die Professor Gerhard K. Müller aus Thüringer Kalkstein geschaffen hat und die zugleich den vertikalen Höhepunkt des gesamten Grabfeldes bildet (VI. Urnen-Rabatte 95).

Wenden wir uns aber wieder den Wandstellen der ältesten Abteilungen zu, die zu den besonders schützenswerten Denkmalen gehören und gleich in den ersten Jahren nach der Eröffnung des Südfriedhofes angelegt wurden.

Solch eine Wandstelle war begehrt, und wer einen Namen hatte, fand Mittel und Wege, sich hier einzukaufen. So begegnet man entlang der Friedhofsmauer den Namen von Anwälten und Bankherren, von Fabrikbesitzern, Kaufleuten und Professoren, von Verlegern und Buchhändlern.

Auch wenn man den meisten Wandstellen nach so vielen Jahrzehnten Alter und Verfall ansieht, sie verraten dennoch etwas vom Reichtum, vom Kunstsinn und von der Bedeutung derer, die da liegen . . .

I. WANDSTELLE 20 (I 26) Conrad Fiedler, der 1895 im Alter von 55 Jahren starb, kam allerdings erst später hierher, obwohl er von seiner Bedeutung als Kunsttheoretiker und bekannter Kunstförderer durchaus einen solchen Wandplatz hätte bean-

sprucheneeeennen. Fiedler, der zwischen Florenz, München und Markleeberg hin und her pendelte, stammte aus Crostewitz bei Markleeberg, und er ruhte auf dem dortigen Familiengut, bis die Schaufelradbagger des Braunkohletagebaus dem Ort und dem Verstorbenen die Ruhe nahmen.
Der Zinkabguß entstand nach einer Kreuzigungsgruppe des bedeutenden Bildhauers Ernst Rietschel (1804–61), der auch das Goethe-Schiller-Denkmal in Weimar geschaffen hat.

I. WANDSTELLE 22 (I 26) Daß eine Tafel an Samuel Heinicke (1727–1790) erinnert, der im Jahre 1778 in Leipzig die erste Taubstummenschule der Welt gegründet hatte, bedarf einer Erklärung. Die Wandstelle wurde 1892 von Dr. August Gottlieb Eichler, dem damaligen Direktor der Taubstummenschule, gelöst. Eichler starb 1896. In den zwanziger Jahren bettete man im Zusammenhang mit den Bauarbeiten für das Neue Grassimuseum Heinicke sowie seine Frau und scinen 1852 verstorbenen Nachfolger Carl Gottlob Reich vom Alten Johannisfriedhof hierher um.

I. ERBBEGRÄBNIS 27 (I 26) Mit seiner Chromopapierherstellung hatte es der Plagwitzer Fabrikant Gustav Immanuel Najork zu einigem Ruhm und Wohlstand bringen können. Als er 1895 starb, schufen der berühmte Hugo Licht, der bereits am Neuen Rathaus baute, und der zu dieser Zeit schon in Leipzig tätige Breslauer Bildhauer Christian Behrens dieses Grabdenkmal, das vor allem durch seine Flachreliefs und die Scheintür aus Bronze beeindruckt.

I. WANDSTELLE 32 (I 27) Die 1896 für Ado Hofmann errichtete Grabstelle prägt sich durch die davor befindliche Tumba ein. Die Bronze-Tafeln und den auf zwei gekreuzten Granaten ruhenden Helm schuf der Bildhauer Wil Howard für den Doktoranten der Philosophie Hermann Ado Hofmann, der am 3. Januar 1917 im französischen Laoon „fürs Vaterland“ starb.
Wenn man die Wandstellen der Abteilungen I, III und IV abschreitet (D–H, 20–27), dann werden einem auch immer wieder Namen begegnen, die von Leipzigs Blütezeit als Stadt des Buchhandels und der Verlage erzählen und die einstige Vorrangstellung der Stadt als Zentrum des deutschen Buchwesens

Jünglingsakt aus Bronze, Wahlstelle 156

Heilige Cecilie an Tasteninstrument, Erbbegräbnis 16
Engelsgruft, Wandstelle

selbst noch auf diesem Friedhof eindrucksvoll dokumentieren. Erwähnt werden sollen hier zumindest die Verlage und Buchhandlungen von Gustav Adolf Weigel (Wandstelle 33), von Heinrich und Hermann Credner (40) und Julius Alexander Baumgärtner (68), von Arthur Meiner (72) dessen Sohn 1931 Albert Schweitzers Autobiographie „Aus meinem Leben und Denken“ veröffentlichte, von den Mitinhabern des Verlages Koehler & Amelang Friedrich Volckmar und Alfred Vörster (75–77), von Conrad Georg Thieme, dem medizinischen Fachbuchverleger (78) . . .

III. WANDSTELLE 54–55 (G 24) Eine Verleger-Wandstelle fällt schon allein ihrer Höhe wegen aus dem Rahmen. „Bildung macht frei“, steht unter dem Namen von Herrmann J. Meyer, und da es sich hierbei um den Begründer des Bibliographischen Instituts handelt, der sich nicht nur durch die Herausgabe eines vielbändigen Konversationslexikons, von „Brehms Tierleben“ und der „Bibliothek der deutschen Klassiker“ einen Namen gemacht hat, ist das geradezu feierlich wirkende Grabdenkmal von Max Pommer nicht einmal zu groß geraten. Das Bronzemedaillon im Mittelteil und den in einem Totenkranz steckenden riesigen Palmenzweig schuf der Bildhauer Adolf Lehnert.
Neben dem 1909 verstorbenen Herrmann Julius Meyer, auf den auch die heute noch existierende Stiftung „Meyersche Häuser“ zurückgeht, liegen hier seine Söhne und Nachfolger begraben: Der 1931 verstorbene Direktor des Bibliographischen Instituts Dr. Herrmann Meyer, der Verlagsbuchhändler und Forschungsreisende und Professor für Kolonialgeographie Hans Meyer und der Verleger Herrman Ernst Meyer.

III. WANDSTELLE 66 (F 24) Auch das Grabmal für Heinrich Oelschlegel entstand nach einem Entwurf von Max Pommer aus dem Jahre 1901. Wenn man weiß, daß der Verstorbene ein Baumeister war, findet man selbst die Erklärung für die reiche Ornamentik und die Symbole an dem aus unpolierten Granit geschaffenen Monument. In einem dreimal abgesetzten Bogen hat ein Bronzerelief von Josef Màgr Platz gefunden. Es führt den Baumeister als Greis vor, dem der Wanderstab entglitten ist und der von einem Tempelbau und von der Kirche, an der er zuletzt gearbeitet hatte, eingerahmt wird. Die über ihm schwebende allegorische Figur hält einen Ring als Zeichen der Unendlichkeit in den Händen.

III. WANDSTELLE 70 (F 24) Im selben Jahr entstand das Grabmal für den Maurermeister Gustav Franz Werner. Die Reliefarbeiten stammen wiederum von Josef Màgr, der Entwurf der Anlage von dem Architekten Georg Wünschmann. An den Wandstellen der älteren Abteilungen wie auch an anderen Stellen auf diesem Friedhof entdeckt man zahlreiche vom Jugendstil beeinflußte Grabdenkmale; das für Werner zählt zu den gelungensten Beispielen.

IV. WANDSTELLE 93 (E 22) 1904 schufen der Jugendstilarchitekt Fritz Drechsler und der Bildhauer Johannes Hartmann das Grabmal für den Leipziger Apotheker Löffler. Ein Glasmosaik, dessen Grün, dessen Gold und Rot noch immer kraftvoll leuchten, schmückt den Bogen. „Abschied" heißt das Marmorflachrelief darunter, das das Wegführen des Verstorbenen in eine andere Welt und die Trauer der Zurückbleibenden zum Inhalt hat.

IV. WANDSTELLE 94 (E 22) „Albin Gottschalk und die Seinen", verkündet die Inschrift auf dem benachbarten Monument, das Paul Möbius und Arthur Starke für den Fabrikbesitzer Gottschalk geschaffen haben. Möbius, dessen Handschrift viele Jugendstilfassaden in Leipzig und in anderen sächsischen Städten tragen, gehört zu den herausragenden Architekten dieser Stilrichtung. Entstanden ist das Denkmal 1904, dem Todesjahr von Albin Gottschalk.

IV. WANDSTELLE 95 (E 22) Auf andere Weise eindrucksvoll ist die lebensgroße Bronzegestalt eines Jünglings vor dem Wandgrabmal für die Familie Goepel, das Richard Welz 1916 entworfen hat. Der die Fackel als Symbol des verlöschenden Lebens senkende Genius des Todes stammt von dem Bildhauer C. G. Barth und erinnert an den antiken Bezug, denn für die Alten war der Tod Thanatos immer der Jüngling und Zwillingsbruder des Hypnos. Daß die Menschen in der Antike „den Tod als den Bruder des Schlafes anerkannten und beide ... zum Verwechseln gleich gebildet" sind, der eine mit der Fackel, der an-

Mutter mit 4 Kindern, von Prof. M. A. Brumme, Wahlstelle 404

Lebensgroßer Jünglingsakt, Wahlstelle 306

dere mit Schlafmohnkapseln in der Hand, bewegte den alten Goethe sehr.

IV. WANDSTELLE 105 (D 21) Den Einfluß der Antike auf die Grabmalgestaltung läßt auch das Denkmal von Emil Franz Hänsel erkennen. Zwischen vier dorischen Säulen ist eine Bronze-Scheintür als Sinnbild des Übergangs in die Wand eingelassen. Davor bietet ein knieender nackter Mann all seine Kräfte auf, um die Tür zu öffnen. Die Bronzegestalt aus dem Jahre 1909 ist eine Arbeit des Grazer Bildhauers August Rantz, die dieser für den Kaufmann Heinrich Schaub schuf.

IV. WANDSTELLE 106 (D 21) Ein einziges Wort nur steht auf dem hohen Steinkreuz der nächsten Wandstelle. Kein Jahr. Kein Tag. Nur dieses: EYTHRA. Diese Anlage stimmt auf noch andere Weise nachdenklich, wenn man weiß, daß der Name Eythra für eine zwischen Zwenkau und Markranstädt gelegene, einst blühende tausendjährige Kleinstadt steht, die wie andere Ortschaften während der zurückliegenden Jahre der Braunkohle geopfert werden mußte und heute nur noch in der Erinnerung jener Menschen fortlebt, die in Eythra geboren und mit ihren Toten umgesiedelt wurden. Einige der auf dem Friedhof von Eythra Bestatteten wurden nachträglich verbrannt und an dieser Stelle nochmals beigesetzt.
Auch für die benachbarte Urnengemeinschaft der Bösdorfer gibt es eine ähnliche Vorgeschichte, ebenso für Magdeborn und seine nach Leipzig gekommenen Toten . . .

VIII. URNENWIESE (D 18) Wenn man der alten Lindenallee noch ein Stück folgt, erreicht man die VIII. Abteilung. Dort steht inmitten einer weitläufigen Urnenwiese ein Denkmal, um das jedes Kunstmuseum den Friedhof beneiden wird.
Ursprünglich stand das von Max Klinger für den Kaufmann Fritz Nachrod geschaffene Grabdenkmal in der VI. Abteilung. Da die Grabstelle jedoch verfiel und das Werk Klingers noch einen guten Zweck erfüllen sollte, entschloß man sich, die 1911 geschaffene und mit Marmorreliefs geschmückte großartige Stele an einen anderen Platz zu versetzen. Nun führt sie kein verborgenes Dasein mehr und bildet den gestalterischen Höhepunkt der VIII. Abteilung.

II. WAHLSTELLE 391 (K 23) Das erste Grab, auf das man hinter der seit 1992 unter Naturschutz stehenden Wiese trifft, gehört dem Thomaskantor Günter Ramin (1898–1956), der bereits 1918 Karl Straube als Organist an der Thomaskirche abgelöst hatte und 1940 von ihm das Amt des Thomaskantors übernahm. Der von dem Bildhauer Alfred Späte geschaffene Stein erinnert auch an Ramins früh verstorbene Tochter, die Noten vor dem Orgelprospekt an B-A-C-H.
Die Gräber der Thomaskantoren Schreck, Straube und Mauersberger befinden sich ebenfalls auf dem Friedhof und sind – wie das Grab von Ramin – zu Jubiläen Ziel der Thomaner.

II. RABATTE 167 (K 23) Eine Bronzeplatte nennt lediglich die Namen und die Daten von Arthur Nikisch (1855–1922) und seinen Angehörigen. Nikisch war 1895 zum Gewandhauskapellmeister berufen worden und leitete das Orchester bis zu seinem Tode.

(K–L/22–23) Folgt man dem kleinen Seitenweg, so ist man schon nach wenigen Schritten in eine ganz eigene Welt eingetaucht, in der die Gräber und ihre Denkmale eingebettet sind in das Grün von dichtem Buschwerk und altem Baumbestand. Eine Insel, auf der Stille herrscht und eine schöne Melancholie.

II. WAHLSTELLE 96 (K 23) An dem riesigen Findling zur Linken sucht man vergebens nach einem Namen. Er wurde schon zu Lebzeiten des Grabstellenbesitzers aufgestellt, und am Ende fand der dann doch nicht aus der Fremde zurück und in sein Leipziger Grab.
Läßt man sich weiter in diesen stimmungsvollen „Waldfriedhof" hineinziehen, so stößt man auf vier schwarze liegende Steinplatten, die geradezu sympathisch-schlicht anmuten und die Begräbnisstätte der Familie Frege bezeichnen, deren Name für das älteste Leipziger Bankhaus steht.

II. WAHLSTELLE 95 (K 23) Das Kreuz, das aus dem Grün der Büsche herausragt, erhebt sich über dem Grab von Paul Herfurth, der Domherr des Domstiftes zu Wurzen, Ehrensenator

Grabengel über Mädchen,
Figuren nach Rodin und M. Klinger, Wahlstelle 146

Sitzende Trauernde, Wahlstelle 119

der Universität und Württembergischer Konsul in Leipzig war und 1937 im Haus Raschwitz zu Markleeberg starb.

II. WAHLSTELLE 59 (K 23) Der fast völlig zugewachsene Pavillon von Fritz Schade wirkt wie ein verwunschenes Bauwerk. Das 1914 entstandene Werk ist reich an plastischem Schmuck und wurde für den ein Jahr zuvor verstorbenen Architekten Georg Höhn (geboren 1861) und für den gleichaltrigen Robert Schenker errichtet, der als Bildhauer bei der Ausschmückung der Kapellen des Krematoriums mitwirkte.

II. WAHLSTELLE 127 (K 23) Blickt man aus dem Schenker-Höhn-Pavillon, so sieht man die Rückenansicht einer auf hohem Postament stehenden weiblichen Marmorfigur, die sich aus dem Block loszureißen scheint und 1927 von Carl Seffner geschaffen wurde.
Das Grabmal entstand für die Familie von Philipp, deren männliche Mitglieder Verleger, Fabrikbesitzer, Königlich-Sächsische Kommerzienräte und mancherlei mehr waren.

II. WAHLSTELLE 407 (L 23) In diesem so charakteristischen Friedhofsbezirk befindet sich auch die Grabstelle von Professor Karl Bartuzat (1882-1959), dem langjährigen Soloflötisten am Leipziger Gewandhaus.

II. WAHLSTELLE 27 a (L 23) 1985 starb der Bildhauer Rudolf Oelzner. Die „Flora“ wurde nach einem Gipsmodell des Künstlers aus dem Jahre 1952 geschaffen und 1991 in der Nachbarschaft zu alten Grabmalen und Urnen aufgestellt. Das Material ist bulgarischer Kalkstein.

II. WAHLSTELLE 22 (L 22) Das Grabmal für Ernst Bauer und die Seinen stammt von dem Bildhauer Arthur Trebst. Bauer, der 1910 starb, gründete 1881 die gleichnamige Leipziger Brauerei, in der sein Enkel noch immer Bauer-Biere braut.

(K 22–23) Wenn man sich am Ende des Weges nach rechts wendet und danach weiter rechts hält, gelangt man zum Ausgangspunkt dieses 2. Rundgangs zurück. Dabei wird man auf einer kurzen Strecke mit Grabmalanlagen und Grabmalfiguren konfrontiert, die so manchen Friedhofsbesucher gerade diesen Weg häufig einschlagen lassen.

II. WAHLSTELLE 8 (K 22) Der Granitobelisk wurde für Emil und Jenny Müller aufgestellt. Der Kaufmann ging seiner Frau 1906 im Tode voraus, weshalb der Bildhauer eine lebensgroße Trauernde geschaffen hat, die einen aus Rosen und Mohnkapseln gewundenen Kranz in ihren Händen hält.

II. WAHLSTELLE 6 (K 22) Auch das für den Verleger Richard Linnemann (1845-1909), dem der Musikverlag Kistner & Siegel gehörte, errichtete Grabdenkmal wirkt durch seine Umzäunung wie ein kleiner Hof, ein eigener, abgeschirmter Bezirk. Die Anlage wurde von Max Lange entworfen. Auch die überlebensgroße, heute kopflose männliche Marmorfigur ist Langes Werk.

II. RABATTE 164–167 (K 23) Es gibt auf diesem Friedhof – und so nahe beieinander dazu – noch eine zweite „Flora“. Carl Seffner hatte sie nach dem Tode seiner Tochter Charlotte im Jahre 1920 geschaffen.
Der Geheime Hofrat und Prof. Dr. med. h. c., der 1861 in Leipzig geboren wurde und 1932 daselbst starb, liegt hier ebenfalls begraben. Ein bescheidener Stein macht darauf aufmerksam. Ein großartiges Grabdenkmal hat er, dem die Grabmalkunst so viel bedeutet und der für andere so ausdrucksstarke und diesen Friedhof prägende Werke hinterlassen hat, sich nicht setzen lassen.
Wenn man an der Seffner-Rabatte den richtigen Standpunkt wählt, dann sieht man in nächster Entfernung vier bewegende und von unterschiedlichen Künstlern entworfene Frauengestalten und ahnt weiter hinten – und tiefer im Grün verborgen – sogar noch eine fünfte: die von Seffner für das Philipp-Grab geschaffene „Aufstrebende“.

II. WAHLSTELLE 9 (K 23) Für die Familie von Franz Schlobach, die 1846 eine Furnierfabrik in Böhlitz-Ehrenberg gegründet hatte, entstand diese Grabmalanlage aus Muschelkalkstein, an der der Architekt Wagner aus Glogau und der Bildhauer Ulfert Janssen aus München mitwirkten. Daß die Schlobachs das

aufstrebende Leipziger Unternehmertum repräsentierten, läßt die reiche plastische Ausstattung erkennen. Ein seitlich aufgestellter Stein nennt die anderen Angehörigen der Familie, die auf dem Alten Johannisfriedhof begraben lagen und nach der Fertigstellung des Erbbegräbnisses an diesen repräsentativen Platz auf dem Südfriedhof umgebettet worden sind.

II. UNIVERSITÄTS-RABATTEN (I 22) Am äußeren Rande der II. Abteilung, und nahezu identisch mit dem Quadrat unseres Planes, befinden sich die älteren Universitäts-Rabatten. Klangvolle Namen aus vielen Gebieten der Wissenschaft begegnen uns in dieser größten „Professorenecke" des Friedhofes.
Manch interessant gestalteter Grabstein befindet sich hier, und wo der 1920 verstorbene Professor der Pharmakologie neben dem Ordentlichen Mitglied der Akademie der Wissenschaften der DDR liegt, wird auch wieder Zeitgeschichte dokumentiert. Aus dieser Ansammlung in Leipzig tätig gewesener Kapazitäten sollen – stellvertretend für andere – nur einige wenige namentlich erwähnt werden: Die Malerin und Graphikerin Elisabeth Voigt (8) etwa, der Ethnologe und Direktor des Museums für Völkerkunde Karl Weule (11/12), der Musikprofessor Freddy Lohse (13/14), der Philologe August Leskien (17/18), der Gründer des Instituts für Geschichte der Medizin Karl Sudhoff (54/55), der 1920 in Großbothen verstorbene Psychologe Wilhelm Wundt (59/60), der Musikwissenschaftler Hugo Riemann (100/101), der Germanist und Präsident der Sächsischen Akademie der Wissenschaften Theodor Frings (131) . . .
Von den Gräbern der Professoren gelangt man leicht in das Zentrum der benachbarten Abteilungen III und V. Besondere Aufmerksamkeit verdienen hier die großartigen Erbbegräbnis-Anlagen, die ja neben den Wahl- und den Wandstellen die attraktivsten Möglichkeiten boten, um sich und den Seinen für die Nachwelt ein Denkmal zu setzen. So sind es vor allem diese drei Anlagentypen, die von Leipzigs Großbürgern erzählen, von Kaufleuten, von bekannten Pelzhändlern und namhaften Fabrikgründern, aber auch von Architekten, Verlegern und Künstlern und mit Namen wie Ahlswede, Mustafa & Perpessa, Thorer, Scutari und vergessenen anderen Namen zugleich auch daran erinnern, wie bunt und vielsprachig das Leben in dieser Stadt einst war.

Daß auch diese zentralen Grabanlagen ein bevorzugtes Betätigungsfeld für Architekten und Bildhauer waren, liegt auf der Hand. Und so vermitteln vor allem die bis in die zwanziger Jahre hinein geschaffenen Grabdenkmale zugleich auch einen ausgezeichneten und nahezu vollständigen Einblick in das Schaffen hier tätiger Bildhauer und verweisen auf jene Architekten, die Leipzigs Antlitz über die Jahrhundertwende hinweg entscheidend geprägt haben und auch auf diesem Friedhof auf eine stattliche Hinterlassenschaft verweisen können, was gerade die großartigen Beispiele aus den genannten beiden Erbbegräbnis-Anlagen belegen.

III. ERBBEGRÄBNIS 6-8 (G 23) Architekt der Anlage für den Kommerzienrat Wilhelm Oelßner ist Max Pommer; der Böhme Josef Màgr, der 1889 nach Leipzig kam, hat neben dem klassisch anmutenden Friedensengel auch die sechs Bronzereliefs geschaffen, auf denen die Tätigkeiten des Mannes und der Frau dargestellt sind.

III. ERBBEGRÄBNIS 19-21 (G 24) Das monumentale Grabmal gegenüber entstand für einen anderen Kommerzienrat und besticht vor allem seiner Größe und der von Fritz Klimsch aus Berlin geschaffenen Figuren wegen. Julius Friedrich Meißner war Inhaber einer graphischen Fabrik.
Von Interesse sind auch die Anlage für den 1934 verstorbenen Besitzer des „Thüringer Hofes“ Andreas Hermann, für die Alfred Max Brumme seinen segnenden Christus schuf (III. Erbbegr. 5), die Priestergräber unter der abstrakten Figur des Gekreuzigten von Friedrich Press, Dresden 1961, (III. Erbbegr. 14) oder das von Ernst Friedel, einem anderen Dresdner, 1904 als Jugendstilanlage geschaffene Grabmal für den bekannten Musikalienverleger Theodor Leberecht Steingräber (1830-1904) aus Neustadt an der Orla (III. Erbbegr. 16).

V. ABTEILUNG (G–H/19–20) Auch die Erbbegräbnis-Anlage in der V. Abteilung ist als architektonischer Mittelpunkt der Gesamtanlage zu verstehen. Hier verdienen vor allem die Grabmale für die Verleger-Familie Dürr von dem Architekten Fritz Schade und der Firma Wollstädter (V. Erbbegr. 5); für den mit königlich-sächsischen Ehren bedachten Baurat Max Pommer,

Grabaufsatz mit singenden Putten, Wahlstelle 144
Rondell mit Mutter und Kindergruppe, Wahlstelle 44

Jünglingsakt aus Laaser Marmor, Wahlstelle 61

der 1908 – und damit sieben Jahre vor seinem Tod – sein Denkmal gleich selbst entwarf; für Alfred Leistner, der den Friedhof an vielen Stellen als Bildhauer bereichert hat, unser besonderes Augenmerk. Das Grabmal schuf der Bildhauer Reinhard Carl bereits im Jahre 1910 (V. Erbbegr. 9/10).
Viel bescheidener hingegen die Grabmale von drei anderen Persönlichkeiten, die für das Leben der Stadt von großer Bedeutung waren: Im Erbbegräbnis 22 liegt der 1910 verstorbene Gewandhauskapellmeister Carl Reinecke, und mit Otto Wittenberg und Hugo Licht ruhen noch zwei andere Männer in dieser Abteilung, denen ihrer Verdienste um die Stadt und nicht zuletzt um diesen Friedhof wegen Ehre gebührt (V. Rabatte 241/42 und 267/70).

Spaziergang III

XV. Wahlstelle 65 (M–N 14) Schon vor seinem Tod erteilte der Fabrikant Ernst Traugott Fritzsche (1852-1916) den Auftrag für den Bau eines Mausoleums, das nach vierjähriger Bauzeit im Jahre 1919 vollendet war, die Angehörigen dann aber seiner Abmessungen und der noch zu erwartenden Ausgaben wegen so erschreckt haben dürfte, daß sie das Bauwerk dem Friedhof überließen.
Das Mausoleum ist fast zwölf Meter hoch und wird heute von stattlichen alten Bäumen überragt. Es ist das gewaltigste Grabdenkmal auf dem Südfriedhof. Der Architekt Carl William Zweck hatte bei seinem Entwurf den Tempietto von Donato Bramante vor Augen, der 1514 starb und als führender Baumeister der italienischen Hochrenaissance galt.

XIV. Wahlstelle 156 (K 15) Man fühlt sich sofort an einen offenen Kirchenchor erinnert, wenn man den für den Kommerzienrat und Zigarrenfabrikanten Hugo Haschke (1865–1918) errichteten Bau von O. P. Burghardt sieht, und die beiden verglasten Fenster in der Wand unterstreichen diesen Eindruck. Am Eingang halten zwei Männer Wacht. Verzweifelt und trauernd der eine, siegesbewußt aufblickend der andere. Die im Grün der Sträucher etwas versteckte Bronzefigur („Der Tag“, 1910) stammt von Bernhard Hoetger.

XIV. WAHLSTELLE 356 (J 14) Der Auftraggeber für dieses Grabmal war Albert Böhme. Daß die ergreifende und etwas zu groß geratene „Himmelfahrt“ des Marmor-Mannes und der Marmor-Frau, die Albrecht Leistner 1932 geschaffen hatte, an diesem Platz überhaupt stehenbleiben konnte, ist wohl Böhmes Gewicht als Inhaber der Delitzscher Schokoladenfabrik und seiner Abwesenheit gerade zu dem Zeitpunkt zuzuschreiben, als das Denkmal auf oberbürgermeisterliche Order hin wieder abgebaut werden sollte. Als daraus nichts wurde, ordnete Goerdeler kurzerhand „die dichte Umpflanzung des scheußlichen Grabmals (an), daß nicht in Zukunft die Allgemeinheit Anstoß zu nehmen braucht“.

XI. WAHLSTELLE 172 (K 16) Ein lebensgroßer Roßbändiger schmückt die halbrunde Anlage. Nicht grundlos, denn der hier begraben liegt, war Pferdehändler und Hauptmann. Ein Zigeunerhauptmann sogar, der in der Nachbarschaft von Fabrikanten, vom Quelle-Verleger und nur einen Steinwurf entfernt vom Oberbürgermeister Georgi seine letzte Ruhestätte bekam, was nicht zuletzt als Indiz für die Toleranzbreite im Leipzig der zwanziger Jahre zu werten ist.
Der Hauptmann Heinrich Franz war am 17. Oktober 1920 in Weimar verunglückt und nach einem zünftigen Totenschmaus im dortigen Schützenhaus in einem Eichensarg mit Zinkeinsatz nach Leipzig transportiert worden, wo er wenige Tage später in geradezu fürstlicher Weise beigesetzt wurde. In zwanzig Wagen folgten die Trauergäste dem von sechs Pferden gezogenen und mit Blumen völlig eingedeckten Leichenwagen. „Der Trauerzug bewegte sich von der Auenstraße aus über die Promenade nach dem Südfriedhof, die Kapelle des Curth-Fix-Orchesters spielte Trauerweisen ... In der Hauptkapelle des Südfriedhofs fand die Trauerfeier statt, ein katholischer Geistlicher hielt die Gedächtnisrede. Darauf versank der Sarg in die Tiefe. Das Zigeunervölkchen zerstreute sich dann in alle Winde ...“, hieß es dazu in der zweitgrößten Leipziger Morgenzeitung.
Noch am Tage des Begräbnisses löste sein Schwager Franz Moor, der gleichfalls Pferdehändler war, die Wahlstelle 172 für die nächsten einhundert Jahre. Als das Grabmal 1923 fertiggestellt war, erfolgte die Umbettung des Hauptmanns aus der Arkadengruft 5 an diese repräsentative Stelle.

Vase aus Muschelkalk, Wahlstelle 78
Säulenarchitektur mit Urne, Erbbegräbnis 7

„Aufsteigende“, Wahlstelle 356

Mit dem Reichtum des Verstorbenen war das aber so eine Sache. Selbst die Kosten für die Grabpflege gingen nie rechtzeitig ein und umfangreiche Nachforschungen mußten angestellt werden, weil die Witwe Marie und andere Familienangehörige als selbständige Händler immer unterwegs waren. Als die Stelle wegen Verwilderung eingezogen werden sollte, tauchten dann doch einige Frauen auf, zahlten alle offenen Beträge und meldeten ihr Interesse an einer Weiterbelegung an. Auf dem Formular machten sie drei Kreuze und verschwanden wieder . . .
1974 mußte die Friedhofsverwaltung die verwaiste Wahlstelle endgültig einziehen und gestaltete sie in eine Anlage um. Neue Pflegegelder waren nicht mehr eingegangen und alle Recherchen waren im Sande verlaufen, weil offenbar niemand mehr da war, der die Lager des Dritten Reiches als Zigeuner überlebt hatte oder hier begraben sein wollte . . .

XI. WAHLSTELLE 128 (J 16) Dr. Otto Georgi (1831–1918) bekleidete den Posten des Oberbürgermeisters in jenen für den Aufschwung der Stadt so wesentlichen letzten Jahrzehnten des vergangenen Jahrhunderts. Während seiner Amtszeit (1876–1899) entstanden neben vielen anderen städtischen Monumentalbauten auch das Neue Rathaus und das Städtische Kaufhaus. Kein Wunder also, daß man auf seiner Grabstelle auch an den Leipziger Ehrenbürger Georgi erinnert.

VI. WAHLSTELLE 412 (I/J 17) Wer in so bevorzugter Lage seine Grabstätte hatte, konnte sich entweder auf seine Verdienste oder auf seinen Reichtum berufen. Manchmal gab es aber auch noch andere Gründe, wie das Grab für die 1926 verstorbene Pauline Rothe, verehelichte Ulbricht, und ihren Mann zeigt.
Nachdem der Sohn im Jahre 1960 das höchste Amt im Staate übernommen hatte, mußte ihm oder einem anderen wohl der Einfall gekommen sein, den Leipziger Eltern für 1800 Mark der DDR noch nachträglich einen der vorderen Plätze im Zentrum der Friedhofsanlage und am Rande des Ehrenhains einzuräumen. Die Umbettung erfolgte bereits im folgenden Jahr, und am 30. April, so der Eintrag im Friedhofsbuch, wurde die Wahlstelle 412 auf fünfzig Jahre „von dem Vorsitzenden des Staatsrates der DDR Herrn Walter Ulbricht Berlin-Niederschönhausen“

gekauft. „Edel sei der Mensch, hilfreich und gut“, ließ der Herr Vorsitzende noch in den Stein meißeln, denn mit dem Goethe konnte er etwas anfangen.

VI. WAHLSTELLE 60 UND 86 (I 18) Bekannter als die Ulbricht-Eltern dürfte den Leipzigern allerdings der Kaffeehausbesitzer und Schokoladenfabrikant Carl Felsche gewesen sein oder der Buchhändler Dr. phil. h. c. Fritz Baedeker gleich daneben, deren schlichte und verwitterte Steine vom einstigen Ruhm allerdings nichts mehr erkennen lassen.

VI. WAHLSTELLE 64 (H 18) Es gibt in dieser Abteilung eine Vielzahl herausragender alter Grabmale, die nach dem Bau des Krematoriums als neuem Mittelpunkt des Südfriedhofes entstanden sind. Besonders auffällig ist die von Georg Wünschmann entworfene Anlage für die Familie des Sächsischen Kommerzienrates und Tuchhändlers Paul Knaur aus dem Jahre 1915. Die aufschlußreichen, den Verstorbenen zugeordneten Textzeilen sind ein Beleg für die zu dieser Zeit blühende „Friedhofsliteratur“.

X. ABTEILUNG (G–H 18) Auf der anderen Seite des Weges stehen die zum Teil recht monumental ausgeführten Grabdenkmale so dicht beieinander, daß man sich in eine Totenstadt versetzt fühlt. Wir haben es hier lediglich mit einem von drei Wegen begrenzten kleinen Ausschnitt aus der X. Abteilung zu tun, in dem aber jede Grabstelle ein Denkmal ist und jedes Denkmal eine andere Handschrift erkennen läßt und eine eigene Geschichte zu erzählen hat . . .

X. WAHLSTELLE 37 UND 36 (H 18) Die Gotik stand Pate, als Julius Zeißig diese herrliche Halle über der prunkvollen Tumba errichtete. Das Denkmal entstand für Edmund Reinhard (1851–1929), den Inhaber der Riebeck-Brauerei. Der halbrunde Grabtempel daneben war eine Auftragsarbeit der Firma Damm & Siegert für den Fabrikanten Paul Berger.

X. WAHLSTELLE 48 (H 18) Daß die bekannten Leipziger Verleger auch außerhalb der I. bis IV. Abteilung ihre Grabmale haben können, beweisen nicht nur Baedecker und Ullstein. Letz-

terer hat sich mit der aus Kalksteinquadern errichteten Pyramide und dem Männerakt überm Türsturz ein besonders eindrucksvolles Grabmal erbauen lassen. Der Entwurf der Wiesbadener Gesellschaft für Grabmalkunst wurde von der Leipziger Firma Damm ausgeführt. Nach der Fertigstellung wurde die Asche des 1912 verstorbenen Eduard Paul Ullstein vom Kolumbarium in die Pyramide überführt.

X. WAHLSTELLE 20 (H 18) Die hinter der Ullstein-Pyramide hoch aufragende Wand hält das Gedenken an einen anderen Verleger wach, der 1846 in Jena geboren wurde und 1921 in Leipzig starb. Die vier mächtigen Säulen und das aus zwanzig Figuren bestehende Fries sind der Antike entlehnt und erinnern an den Tempel für die Siegesgöttin Nike. „Nach freudiger Arbeit", steht über einer langen Reihe von Namen, die von dem Buchhändler Dr. Oskar von Hase angeführt wird und sich wie eine Familienchronik liest.
Als Mitinhaber des Verlages Breitkopf & Härtel, als Vorsteher des Vereins deutscher Musikalienhändler und als Musikschriftsteller hat sich von Hase große Verdienste erworben.

X. WAHLSTELLE 52 (G 18) Die Putte zur Linken hält eine Kaffeetasse in der Hand; die zur Rechten eine Segelschiffminiatur. Versteckte Hinweise des Bildhauers Reinhard Carl auf das gut gehende Kaffegeschäft und den Bohnenhandel des Kaufmanns Richard Poetzsch (1861–1913). Künstlerischer Höhepunkt dieser Anlage ist das übergroße Pilgerpaar aus Marmor.

X. WAHLSTELLE 33 (G 18) Die halbrunde Grabmalanlage am Schnittpunkt der Wege entstand für Moritz Behrend und Gustav Gottstein, zwei bekannte jüdische Pelzhändler aus Leipzig. Den Entwurf lieferte Walter Hausschild aus Berlin im Jahre 1912.

X. WAHLSTELLE 3 (H 18) Das Tor und die Schwelle als Grenzlinie zwischen der einen und der anderen Welt. Felix Pfeifer brachte sich auch bei dieser Anlage für den Maler Walter Queck als Bildhauer ein. Zwei Fackelträgerinnen symbolisieren das verlöschende Leben. Architekt der 1907 entstandenen Anlage war Paul Möbius. Wer sich nun von hier aus noch tiefer in die X. Abteilung hineinbegibt, wer vielleicht in der XII. Abteilung, am Fuße des Völkerschlachtdenkmals, auf die Grabplatte des Ehrenbürgers und Denkmalerbauers Clemens Thieme stößt, auf Carl Seffners Grabmal für die gefallenen Offiziere der Familie von Pillement oder auf den bronzenen Thanatos am Zilling-Grab; wer in der Nähe des Osttores die symbolreichen Grabsteine des international hochgeachteten Zoodirektors Prof. Dr. Karl Max Schneider und des langjährigen Direktors der Deutschen Bücherei Professor Heinrich Uhlendahl entdeckt, der wird sich eingestehen müssen, daß jeder Spaziergang über den Leipziger Südfriedhof einen weiteren einschließen wird. Und das Entdecken kann auch dann noch kein Ende haben, wenn man im Urnengarten das mit einem Bildnis geschmückte Grab der Lene Voigt gefunden hat, in der XXVI. Abteilung auf den Stein für den in Siebenbürgen geborenen deutschen Dichter und Leipziger Poetik-Lehrer Georg Maurer gestoßen ist oder beim Schlangenbrunnen in der an ein „Musikerviertel“ erinnernden XXX. Abteilung die im Buschwerk verborgenen eindrucksvollen und schönen Grabsteine für Ottmar Gerstner oder für den 1962 verstorbenen Gewandhauskapellmeister Franz Konwitschny gefunden hat (F 8), in die der Bildhauer hier eine an das Samenkorn erinnernde Note gemeißelt hat, dort ein „GLO-RI-A IN EX-CEL-SIS DE-O“ . . .

Dank und Quellenhinweise:

Bei den Recherchen für dieses Büchlein konnte ich mich u. a. auf Unterlagen aus dem Archiv des Friedhofsamtes, des Stadtarchivs, der Bibliothek des Stadtgeschichtlichen Museums sowie auf eine von Mitarbeitern des Südfriedhofes erarbeitete umfangreiche Dokumentation stützen. Darüber hinaus stand mir ein Aufsatz der Landschaftsgestalterin S. Haas zur Verfügung, aus dem ich einige Passagen zitieren durfte. Allen, die mich bei der Textbearbeitung hilfreich unterstützt haben, gilt an dieser Stelle mein besonderer Dank!

Neben allgemeinen Schrifttum über Friedhofsanlagen, Friedhofskunst, Grabmalsymbolik und Stadtgeschichte waren mir auch die nachstehend aufgeführten Veröffentlichungen von Nutzen:

Benndorf, P.: Leipziger Kalender 1911

Benndorf, P.: Unsere Leipziger Friedhöfe und ihre Anregungen für den Unterricht. 1912

Hach, A.: Künstlerische Grabdenkmäler. In: Der Leipziger. Ill. Wochenschrift. 1906, Nr. 10

M. Kramer u. P. Schütze: Umgestaltung städtischer Friedhöfe. Südfriedhof Leipzig. Dresden 1980

Leipziger Allgemeine Zeitung. 1920, Nr. 290

Leipziger Zeitung, Beilage Juni 1886

Rothe, C.: C. F. Gellert-Gedenkstätten in Leipzig und Hainichen. In: Sächsische Heimatbilder. 36. Jg. H. 1/90

Scheib, J.: Denkschrift zum 40. Jahrestag der Gründung des Vereins zur Feuerbestattung. Leipzig 1931

Steinert, T.: In Schönheit sterben. Bilder vom Leipziger Südfriedhof. In: Leipziger Blätter. 1990, Nr. 16

Gebräuchlichste Grabmalsymbole und Allegorien

Äskulapstab: Hinweis auf den Beruf des Verstorbenen

Alpha und Omega: Erster und letzter Buchstabe des griechischen Alphabets, mit denen Anfang und Ende bezeichnet werden; im Hinblick auf Gott und Christus auch als der Erste und der Letzte

Amphore: Der Mensch als Gefäß der Gnade Gottes

Ähre: Fruchtbarkeits- und Erlösungszeichen

Anker: Hoffnungszeichen

Christusmonogramm: Aus den griechischen Anfangsbuchstaben der Worte Jesus Christus (Iota-I und Chi-X) bzw. des Wortes Christus (Chi-X und Rho-P) gebildete Buchstabensymbolik

Dornenkrone: Hinweis auf den Opfertod Christi

Dreieck: Mit dem Auge Gottes im Inneren Zeichen der Allgegenwart und der Trinität; wo es mit Richtscheit verwendet wird, Symbol der Freimaurer; Zirkel und Dreieck schmükken oft die Gräber von Baumeistern und Architekten

Dreigestirn: Dreieinigkeit Gottes als Vater, Sohn und Heiliger Geist

Fackel: In der christlichen Ikonographie Personifikation der Morgenröte (erhoben) und der Nacht (gesenkt). Wo die antiken Symbole übernommen werden, gilt die gesenkte Fackel als Zeichen des Thanatos und damit des verlöschenden Lebens

Flamme: In einer Schale wie die Fackel das verlöschende Leben symbolisierend

Hände: Treuezeichen von Eheleuten, Hinweis auf ein Wiedersehen in der anderen Welt

Herz: Liebes- und Lebenssymbol, auch in Verbindung mit Anker und Kreuz üblich